JN175802

Gardening Journal

ベニシアの庭づくりノート

Pruning Shears.

yellow + red Tulips
Silver Thyme
Chocolate
Fuji bakan

Introduction.

もう何年も前から、
私は日々の出来事を日記に書き続けてきました。
それとは別に、ガーデニングノートもつけており、
季節に応じて毎週の庭仕事を忘れず行うようにしています。
自分のつけたノートを見直しては、
毎週すべき作業を終えたか確認しています。
ひとつひとつの作業がひと目で分かるように、箇条書きにしました。

私は、京都・大原の庭で
四季の草花や100種以上のハーブを育てています。
ハーブは様々な暮らしの場面で役立ちます。
薬やコスメとして、また料理や飲み物の香りや風味づけにも使えます。

庭では虫除けとして、
さらには他の植物の成長も助けてくれます。
料理用のハーブは、
いつでも摘むことができるようキッチンの近くに植えましょう。
ハーブは頻繁に摘んで収穫すれば、葉はますます茂り、
１年中楽しむことができます。

このノートは、私のガーデニングノートを写したものです。
空欄にご自分が日々植物について学んだことや、
覚えておきたい庭仕事などを自由に書き込んでいってください。
そうすれば、季節に応じた毎週の庭仕事を忘れないでしょう。
あなただけのガーデニングノートを作り、
四季を通してハーブガーデンを楽しんでください。

*このノートは、ベニシアの京都・大原の庭での経験をもとに書かれています。それぞれのお住まいの地域や庭の環境によって、種まきや収穫などの時期、育て方が変わってくるので、空欄にご自分の庭の植物に合った内容を書き込んでいってください。収穫したハーブの詳しい使い方は、『ベニシアのハーブ便り』や『ベニシアの庭づくり』をご参照ください。

English Garden
April Week 4
Flowers
Dead head the primroses and pansies to make your garden look neat.
If the geraniums are getting lanky. Cut back and make cuttings. Plant them in a moist soil container, untill the roots appear.
Herb Trees and Shrubs
The hop roots in the flower bed become larger and longer every year. Open the flowerbed up and pull out the roots. Cut back the roots with a sharp knife or clippers and lift half of them out. They become a nice present to give to your gardening friends.
Herbs
Oregano will start growing tall so give it some kind of support as it grows.
Nasturtiums
Start sowing seeds at the bottom of a trellis or at the top of a wall in the garden so the vine trails down over the wall. Nasturtiums also look lovely in hanging baskets. Nasturtiums likes a poor, well drained soil.

目次

Themes for each "room".

庭の各「部屋」のテーマを決めましょう。

私は1996年に大原のこの家に引っ越してきた時、庭の空間をいくつかのテーマで区切りました。森のような空間、山肌のような高い「ウォールガーデン」、懐かしい故郷の花を植えたイギリス風の「コテージガーデン」。それから、夏の地中海の思い出を呼び起こす「スパニッシュ・ガーデン」、赤や白、ロゼといったワインの色の花を植えた「ワインガーデン」などです。

それぞれの庭は、空という天井と太陽という照明の下で季節ごとに素敵な「部屋」になります。どの庭にも座れる場所があるので、外で読書や勉強やハーブを使った作業ができます。種を整理したり、乾燥させたハーブを缶に詰めたり、繕い物をしたり、ジャムを瓶に詰めたりするのです。

庭の各コーナーを「部屋」として、テーマや色、植える草花の種類などを決めていきます。

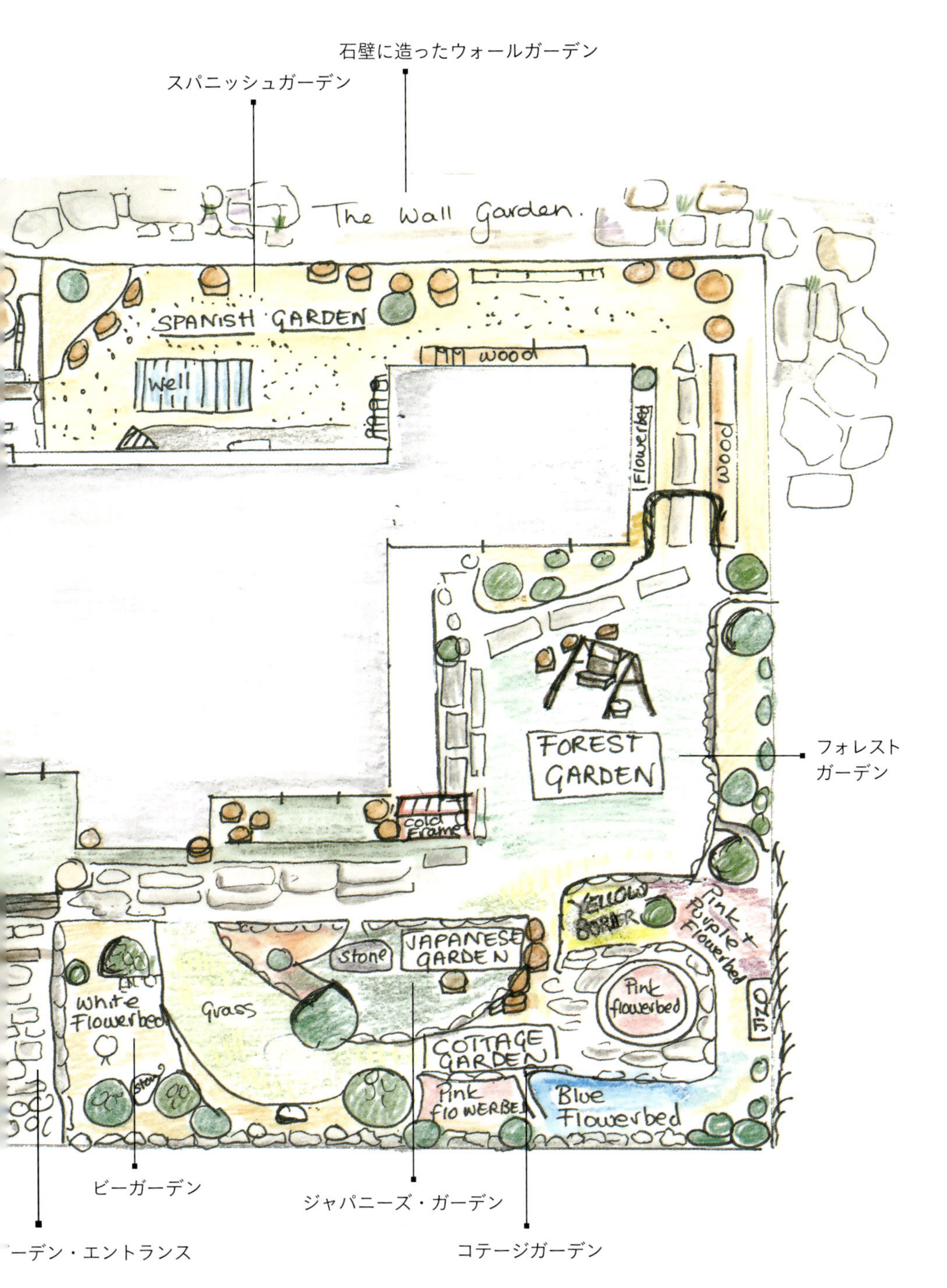

石壁に造ったウォールガーデン
スパニッシュガーデン
The Wall Garden.
SPANISH GARDEN
Well
wood
Flowerbed
wood
FOREST GARDEN
フォレストガーデン
Cold Frame
YELLOW BORDER
Pink + Purple Flowerbed
stone
JAPANESE GARDEN
Pink flowerbed
White Flowerbed
Grass
COTTAGE GARDEN
Pink FLOWERBE
Blue Flowerbed
ビーガーデン
ジャパニーズ・ガーデン
ーデン・エントランス
コテージガーデン

Spring
春

You are closest to God in the garden.

庭は神様に一番近い場所なのです。

Spring Garden Sketches

ベニシアの春の庭　3～5月に開花する草花

アップルローズ
アロエ
イチゴ
ウメ
カーネーション
カモミール
キャットミント
キンセンカ
クリスマスローズ
クレマチス
クローブピンク
クロッカス
コモンセージ
コンフリー（冬以外年中収穫）
サラダバーネット
ジギタリス
ジャスミン
スイセン
スイートバイオレット（においすみれ）
スノードロップ
セイヨウサンザシ（サンザシ）
ゼラニウム
センテッドゼラニウム類
タイム
チェリーセージ
チャービル
チューリップ
ティープラント（茶の木）
デルフィニューム
ナスタチウム
ニオイアヤメ
ニゲラ
ニホンズイセン
バイモ
ハナニラ
バラ
パンジー
ビオラ
フジ
ベイリーフ（月桂樹）
ヘザー
ペリウィンクル
ホースラディッシュ
ボリジ
マロウ
ミツバ
ミモザアカシア
ミヤコワスレ
ムスカリ
モッコウバラ
ヤブツバキ
ヨモギ
ラミューム
リュウキンカ
ルー
レモンバーム
レモンマートル
ローズマリー
ワイルドストロベリー
ワスレナグサ

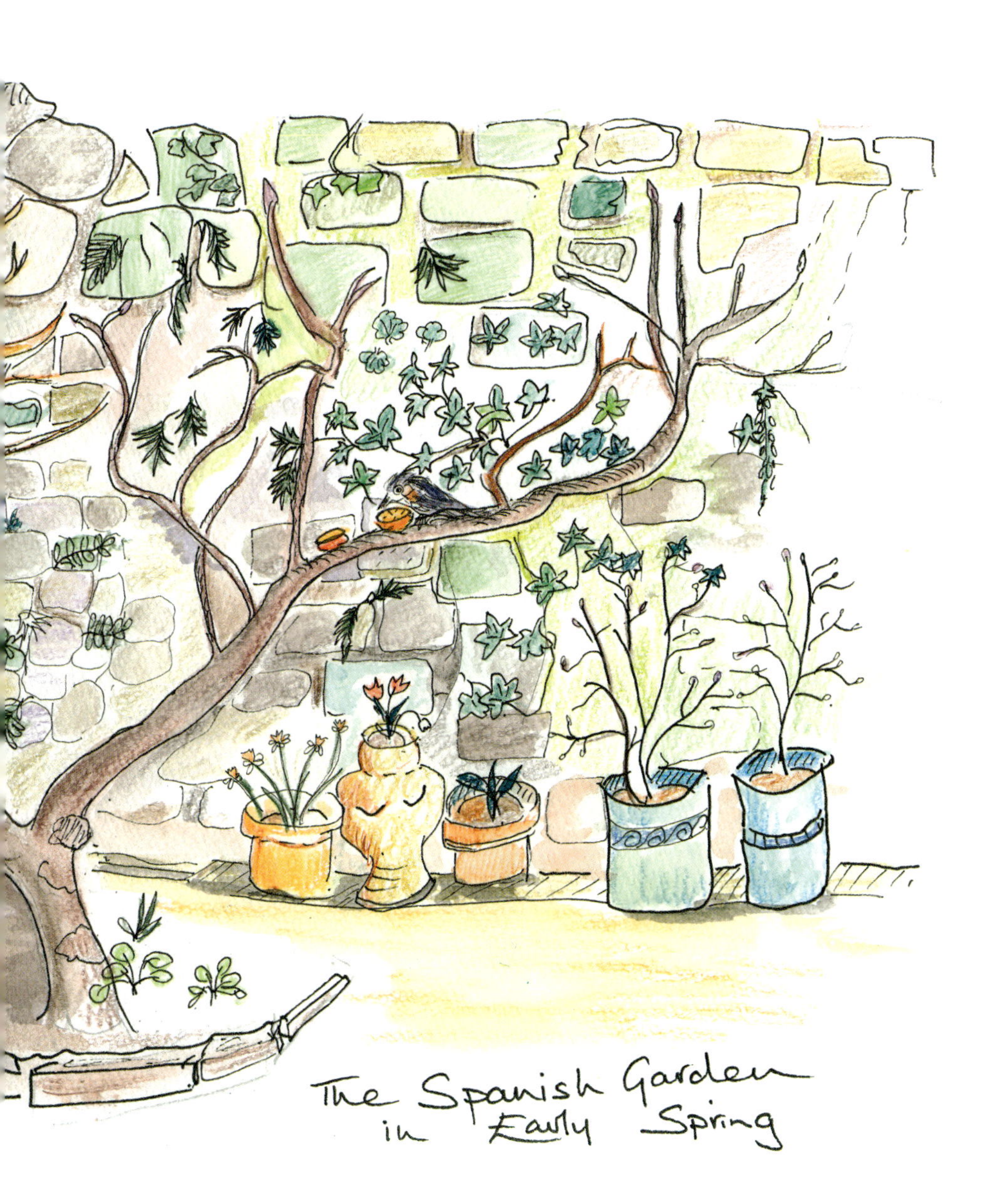
The Spanish Garden
in Early Spring

最後の降雪の後、庭をきれいに整えましょう。
集めた小枝は、冬の薪ストーブの焚きつけ用にとっておきます。
薪ストーブがないお宅でも、夏のBBQの時に使えます。

Herbs ◆ハーブ

● 庭に雑草が生え始めたら土が温まってきた証拠です。
以下の種をプランターの土にまき、霜の季節が終わるまでコールドフレーム(簡易温室)の中で育てましょう。5cmほどの高さになったら、花壇や大きめの鉢に移植します。

コリアンダー、サラダバーネット、カモミール、バジル、きんせんか、チャービル、フィーバーフュー、ナスタチウム、ニゲラ、サマーセイボリー、ディル、イタリアンパセリ、パセリなど

★ディルとフェンネルは、交配することがあるので、離れた場所に植えた方が良いでしょう。また、どちらも移植を嫌います。
★フェンネルは、私の庭では毎年こぼれ種から自然にどんどん生えてきます。
★バジルには様々な味と香りの種類があります。
レッドルビンバジル、レモンバジル、シナモンバジルなどの珍しい品種は、私のお気に入り。夏のサラダに加えるととてもおいしいです。

● ラズベリー　春に新しいシュート(勢いのある若い枝)や葉が出る前に枝を剪定しましょう。

Flowers ◆花

● バラ　確実に次々と花を咲かせるために、月に1度のコンポスト堆肥かバラ専用の有機肥料が必要です。
● スイートピー　前年の秋にポットに植えた種が発芽し、苗が育ってきた頃です。晩春に植えつけを行います。摘心しておくと枝数が増え、こんもりと咲きます。
● ニコチアナ(花たばこ)、ポピー　上記のハーブと同様、コールドフレームの中で育て始めましょう。

Herbs ◆ハーブ

- 雑草が生え始めたら、すぐに草抜きを始めましょう。今のうちに草抜きをしておけば、今後の仕事がぐっと減りとても楽になります。1日中雨が降った翌日は、草が抜きやすいのでおすすめです。
- 草抜きが終わったら、すべての花壇とコンテナにコンポスト堆肥でマルチングをしましょう。そうすれば、植物は喜び、生き生きとし始め、晩春にたくさんの花を咲かせてくれます。
- ベルガモット、ミント、レモンバーム、センテッドゼラニウム、月桂樹、コンフリー　コンポスト堆肥をたっぷりと与えましょう。
[コンフリーは植物の肥料として使いますが、食用にはなりません]

★レモンバーム　とても簡単に育てられるハーブです。日当たりの良い場所、夏は半日陰で水はけの良い土を好みます。年に2、3回は収穫でき、リラックス効果のあるおいしいお茶が作れます。

★なめくじ対策
なめくじの好物の植物の周りに、潰した卵の殻をまいておくと、這い上がるのが難しくなります。ビールを入れたカップを植物のかたわらに埋めておくと、寄ってきたなめくじはカップの中に落ちて溺れるでしょう。その他、おがくずや灰、コーヒーのかすも効果があるようです。ラベンダー、セージ、にんにく、チャイブなどもなめくじは嫌います。

Flowers ◆花

- ジギタリス、カンパニュラ、矢車草　土が十分に温かくなってきたら、苗を庭に植えましょう。どれも日当たりが良く、肥沃な土を好みます。
- タチアオイ、マロウ　日が長くなり暖かくなったら、種から育てた苗を庭に植えつけましょう。

Shrubs and trees ◆樹木類

- サツキ、椿　コンポスト堆肥でマルチングをしましょう。

Fox Glove.

Herbs ◆ハーブ

花壇にコンポスト堆肥を少量まいてから、比較的寒さに強い以下のハーブの苗を植え始めましょう。

- タイム、セイボリー、ウォールジャーマンダー　根が水に浸るのを嫌がるので、砂粒や細かい砂利を根元の土に混ぜます。
- チャイブ　肥沃でやや湿り気のある土を好みます。約15cm間隔で植えます。年に4回ほど地表から約5cmのところを切って収穫します。
- レディースマントル　肥沃で日当たりの良い場所、又は半日陰で育ちます。春に株分けをして増やしましょう。
- スイートウッドラフ(クルマバソウ)　この時期に植えつけましょう。肥沃な土と半日陰を好みます。

Flowers ◆花

- 多年草植物は茂りすぎると中心部から枯れてしまうことがあるので、時々株分けをして別の場所に植え替え、若枝を残して枯れた枝を取り除きましょう。
- 夏咲きグラジオラス　水はけの良い場所に球根を植えましょう。球根の大きさの2〜3倍の深さに植えるようにします。

Shrubs and trees ◆樹木類

- クチナシ　肥沃な酸性土であまり風の当たらない場所を好みます。徒長(枝や葉が間延びして伸びること)したら、剪定して樹形を整えましょう。
- 月桂樹　コンポスト堆肥を与えましょう。

Gardenia

Herbs ◆ハーブ

- 屋内のハーブを外に移し始めましょう。
- ウィンターセイボリー、ウォールジャーマンダー　形をコンパクトに整えるために、新しく出てきた芽の上で切り戻します。
- ワームウッド、ラベンダー、ヒソップ、サントリナ　新芽が出る前に葉を約5cm切り戻すと、新しい芽が次々と出て、よく茂るようになります。
- コモンセージ、パープルセージ　新しく伸びた茎の上まで枝を切り戻します。間違って株元を切るとセージは枯れてしまうことがあるので、気をつけましょう。

日当たりと水はけが良いアルカリ性の土で、あまり雨風の当たらない場所を好みます（大半のハーブ類は、基本的に酸性土を嫌う）。

★コモンセージは湿度を嫌うので、日本では多年草として育てるのは難しいようです。我が家の庭のセージは、うまくいけばよく茂ってくれる年もあります。コンテナで育て、雨があまりかからないようにすれば、梅雨の時期をしのげるでしょう。

Flowers ◆花

- ハンギングバスケットの花は、玄関先を美しく見せてくれます。飾る場所の日照条件に合った花やハーブを選びましょう。使用ずみのティーバッグをバスケットの底に敷いておくと、水分が保てます。

Shrubs and trees ◆樹木類

- ハニーサックル　細長く伸びたり密集しすぎたら、枝を剪定しましょう。

コンポスト堆肥をたっぷり与えると、たくさん花が咲くようになります。水もたっぷりやりましょう。ハニーサックルの花の香りは最高です。

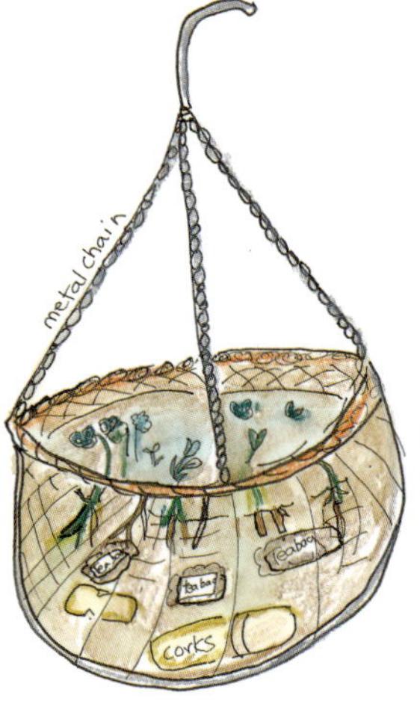

Hanging Basket.

Memo

Mid Spring April　Week one

春になると、私は1日中庭仕事をした翌日、野草を探しに野原へ散歩に出かけます。日本原産のハーブ(野草)は、寒い季節を耐えてこそ春にたくさんの花を咲かせるのです。

Herbs ◆ハーブ

暖かくなるのを待ってから、一年草や二年草のハーブの種をまき始めましょう。

- パセリ　発芽を促すために、種をひと晩水に浸けてから土にまきます。
気温が十分に暖かくなっていれば、花壇や鉢に直接まきましょう。
数日に1度、ぬるめの水をやりましょう。
芽が出たら約20cm間隔になるように間引きします。
- しそ　日当たりが良く、肥沃で湿った土を好みます。
- チャービル　半日陰で育て、約25cm間隔に間引きします。
- コリアンダー　地面に直接まきます。春は1日中日当たりの良い場所、夏は半日陰を好みます。発芽したら約15cm間隔に間引きしましょう。コリアンダーは移植を嫌います。
- ごぼう　肥沃で排水の良い土にまきましょう。酸性の土壌は好みません。

*挿し木や取り木でハーブを増やす場合は、春か秋に行うのが最適です。

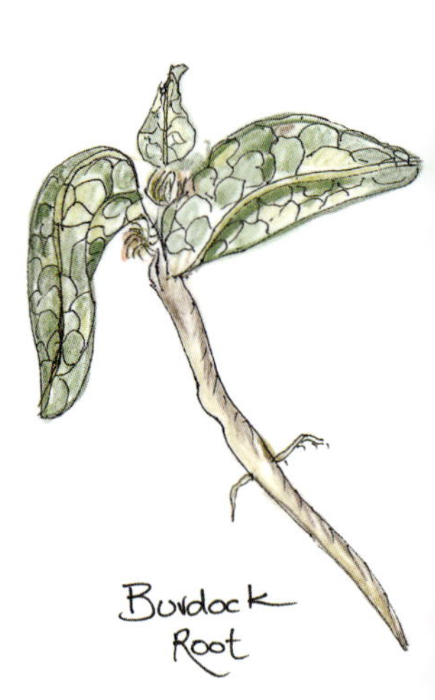

Flowers ◆花

- カーネーション、菊　先端を摘心してこんもりと茂るようにします。葉が地面につくと茎が腐ることがあるので、葉が地面につかない程度に苗を浅く植えましょう。
- 背の高い植物は強い雨風で倒れないよう、竹などで支柱立てをしましょう。

Shrubs and trees ◆樹木類

- ホップ　蔓が花壇の土から顔を出してくる頃です。
約10cm間隔でワイヤーを張り、ポーチの屋根までつたって伸びていけるように、最初に蔓をワイヤーに固定してやりましょう。
我が家の庭では、2階の窓までホップの蔓が伸びています。ホップの大きな葉は、夏の間ポーチに涼しい日陰を作ってくれます。

Herbs ◆ハーブ

霜が降りなくなったら、ハーブの苗を植えていきます。
元気良く育ち茂るように、それぞれのハーブに適した土や日当たりなどの環境を必ず確認しましょう。

- ラムズイヤー、タラゴン、セージ、スイートマジョラム　乾燥して日当たりが良く、あまり雨風が当たらない場所を好みます。
コンテナに植えて軒下に置けば、霜や強風、激しい雨を避けられます。
- 除虫菊　日当たりの良い広々とした場所に植えましょう。強力な虫除けになるので重宝します。

Flowers ◆花

- 水仙、チューリップ　しおれた花を随時摘み取ります。開花後は、葉が自然に枯れるまでそのままにしておきましょう。
- 水仙　葉を束ねて結ぶと、まとまって見栄えが良くなります。
球根の株は、3〜4年に1度掘り上げて、隙間をあけて植えなおすと、増えていきます。

Shrubs and trees ◆樹木類

- シコンノボタン　そろそろ屋外に出してやる時期です。
徒長した枝は、芽が出ている上まで切り戻します。
有機液体肥料やコンポスト堆肥をやれば、初秋に壮麗な紫色の花を咲かせてくれるでしょう。

Herbs ◆ハーブ

バジル　ポットに植えて窓の近くで育てると、はえや蚊除けになります。乾燥を嫌います。

ペニーロイヤルミント　庭の敷石の隙間に植えると、蚊や害虫除けになります。

センテッドゼラニウム　夜の気温が5度以上になったら、ハウス(温室)や屋内から外に出します。徒長した枝葉を剪定し、形を整えます。虫除け効果があるので、鉢は窓の近くに置きましょう。

レモンバーベナ　主枝を残し、よく茂るよう側枝を切り戻しましょう。驚くほど早く成長するので、初夏には葉を収穫して、リラックス効果のあるハーブティーが作れます。

★切り取った枝は、挿し木にして増やしたり、メッシュの袋に入れて湯船に入れ、ハーブバスとして香りを楽しみます。

しょうが、ウコン　肥沃で湿った土に植えます。

Flowers ◆花

ムスカリ　咲き終わった花を摘み取り、少量の木の灰を混ぜたコンポスト堆肥を施します。
葉は自然に枯れるまでそのままにしておきましょう。

バラ　木酢液をスプレーし始めて、害虫や病気の予防をしましょう。

Herbs ◆ハーブ

庭に植えた多年草のハーブに新しい葉が出始めていれば、土が十分に温かくなってきた証拠です。種も苗も直接土に植えることができます。

- すべてのハーブにコンポスト堆肥を与えたか確認しましょう。
- ベルガモット、ミント　肥沃で保湿性のある土を好みます。同じ場所を嫌うので、2年ごとに新しい場所に移植しましょう。
- オレガノ　長く伸び始めたら、支柱立てをします。
- ナスタチウム　トレリスの足元に種をまき、苗を上に向かって這わせましょう。又は、種をまいたプランターを目線の高い場所に置くと、花が垂れ下がり素敵に庭を演出できます。ハンギングバスケットに植えても効果的です。
痩せた水はけの良い土を好みます。
- しそ　春の終わりに種をまきます。
- レモンバーベナ　気温が上がって暖かくなったら、外に出してぬるめの水をスプレーし、新芽が出るのを待ちましょう。

Flowers ◆花

- プリムローズ、パンジー　しおれた花は随時摘み取りましょう。庭の見栄えが良くなります。
- ゼラニウム　徒長していたら、茎を刈り込みましょう。
コンテナに水はけの良い土を入れ、そこに刈った茎を挿し木にし、根が張るまでおいておきます。

Shrubs and trees ◆樹木類

- ホップ　花壇に植えたホップの根は、毎年どんどん成長します。時折土を掘り起こして、刃の鋭いナイフや剪定ばさみなどで、根を約半分切ります。切り取った根は、ガーデニング仲間への素敵なプレゼントになるでしょう。

Memo

Herbs ◆ハーブ

◎気温が上がってきたら、ハーブの苗を庭に植えつけましょう。
雨が降った後に植えつけると、苗が水をしっかり吸収できます。
夕方に植えれば、植物はすぐに元気を取り戻します。移植後は、苗の周りの土を手で押し固め、水をやります。

★植物に話しかけましょう。
植物は、音楽の音色や育てている人の声を聴くと、よく成長することが科学的にも証明されているようです。

◎カモミール　砂質の土を好みます。少量のコンポスト堆肥を混ぜ込んで、土に栄養を与えましょう。

★庭に元気のない植物があれば、傍にカモミールかヤロウを植えましょう。元気を取り戻します。

◎よもぎ　花が咲き始める前に、葉を収穫しましょう。

Flowers ◆花

◎ゼラニウム、クレマチス、バラなどの花をつけた植物　コンフリーの葉で作った液体肥料を週に1度やりましょう（作り方はP.154を参照）。特に、鉢植えの植物には、たっぷりと与えます。
しおれた花の摘み取りは、毎日欠かさないように。
◎バラ　木酢液をスプレーします。害虫がバラに集まってくるこの季節に、絶対に忘れないように。

Shrubs and trees ◆樹木類

◎開花の終わったユキヤナギなどの低木や春咲きクレマチスなどの蔓性植物を剪定します。
◎ミモザ　花後は早めに剪定しましょう。

Mist Sprayer.

Herbs ◆ハーブ

- **センテッドゼラニウム**　鉢を家の周りに置くと、へび除けや虫除けになります。
月に2度コンポスト堆肥か有機液体肥料を与えると、花がたくさん咲きます。
- **バジル、ボリジ、ベルガモット、レモンバーベナ、ワイルドストロベリー**　コンポスト堆肥か有機液体肥料をやりましょう。
- **レモングラス**　日当たりが良く、肥えて湿った場所を好み、この時期に植えるとよく育ちます。
寒い地域では屋内で冬越しをさせなければいけないので、鉢植えで育てましょう。
熱帯性のハーブで、ハーブティーに重宝します。
- **チャービル、バジル、ローズゼラニウム、コリアンダー、レモンバーム、ミント**　穂先を摘心すると、葉がこんもりと茂ります。

Flowers ◆花

- **チューリップ**　花が咲き終わり、葉が黄色くなったら掘り起こします。球根は箱に入れて、乾燥した場所で保管しましょう。
- **ゼラニウム**　コンテナの挿し木を、そろそろ鉢に植え替える時期です。大きめの鉢に植えると花よりも葉ばかりが育ってしまうので、直径13cmほどの小さめの鉢に根があまり広がらないように植えるのが良いでしょう。
定期的に枯れた花や葉を取り除き、水のやりすぎに気をつければ、たくさん花を咲かせてくれます。

Shrubs and trees ◆樹木類

- **サツキ、椿**　開花後すぐに剪定しましょう。感謝の気持ちを込めて、根元にコンポスト堆肥をプレゼントすれば、きっと喜んでくれるでしょう。
- **茶の木**　新芽を摘み取ります。蒸してから煎ると煎茶ができます。
- **ブルーベリー**　湿った酸性土を好みます。
土にピートモスを混ぜたものを春と秋に1回ずつ施しましょう。

Lemon Grass

Late Spring May　Week three

Herbs ◆ハーブ

◎ハーブは、日増しに成長して伸びてきます。以下のハーブをどんどん摘み取って使いましょう。

★ハーブティーに：スペアミント、イングリッシュミント、グレープフルーツミント、レモンバーム、ヤロウ
[ヤロウは、開花時に収穫し、乾燥させて使います]

★ポプリ、ハーブバスに：アップルミント、オーデコロンミント、ベルガモット、センテッドゼラニウム、バラの花弁

★スキンケアに：きんせんかの花弁、アロエベラの葉、バラの花弁

Flowers ◆花

◎水仙　球根は地中に残したまま、枯れた葉をすべて切り取ります。その後、たっぷりとコンポスト堆肥を球根にプレゼントすると、翌年球根が増えます。
数年経つと球根が育ち過密になり、あまり花がつかなくなるので、数年に1度は球根を掘り起こし、株分けをしましょう。

Shrubs and trees ◆樹木類

◎ジャスミン　肥沃で水はけの良い土と、日当たりを好みます。花が終わったら切り戻しましょう。ジャスミンは、壁やアーチに這わせるように育てます。

Relaxing with a Facial Steam.

Late Spring May　Week four

庭仕事で忙しい時期になりました。庭でやるべき作業のチェックリストを作りましょう。終わった項目にチェックマークをつけていくと、気持ちの良い達成感があります。

Herbs ◆ハーブ

- 屋内の風通しが良く、日陰で乾燥した場所に収穫したハーブを吊り下げましょう。梅雨が始まる前にすべて乾燥させて保存しておかないと変色し、密閉容器の中にもカビが生えてしまいます。
- イタリアンパセリ、チャービル、パセリ　使う時は、外側の葉茎から切ることを忘れないように。
- ルバーブ　気温が22度前後になったら種をまきましょう。
暑くて湿度の高い夏が苦手なので、日本で育てるのはとても難しいですが、広々とした環境で、水はけが良く肥沃な土であれば育てることができます。
コンポスト堆肥を月に1度は施しましょう。
- いちご　実が大きくなってきたら、傷まないように藁（わら）を敷いてやりましょう。

Flowers ◆花

- ユリ　害虫や病気に侵されやすく、密集した状態や栄養不良を嫌います。
イギリスでは、食器をすすいだ水をユリにかけることがあります。石けん水は、幼虫がユリにつくのを防ぎます。

Shrubs and trees ◆樹木類

- 西洋山査子（さんざし）　日向か半日陰の水はけの良い場所を好みます。
実は熟したら収穫し、乾燥させて煎じ液やチンキを作ります。
山査子を漬け込んだブランデーは、疲労時の強壮剤として効果があるといわれています。

Memo

Summer

夏

A garden is a friend we can visit anytime.

庭はいつでも訪ねることができる友です。

Summer Garden Sketches

ベニシアの夏の庭　6〜8月に開花する草花

アゲラタム
アジサイ
アップルミント
アナベル
イタリアンパセリ
ウィンターセイボリー
エキナセア
エレキャンペーン（オオグルマ）
オミナエシ
オレガノ
カシワバアジサイ
カラミント
カンパニュラ
キキョウ
ギボウシ
キンセンカ
クチナシ
クレマチス
クワ（収穫）
ゲンノショウコ
コモンセージ
コリアンダー
サツキ
サマーセイボリー
サントリナ
ジギタリス
シソ（収穫）
シュウカイドウ
除虫菊
スイートジョーパイ
スイートマジョラム
セイヨウニンジンボク
ゼラニウム
センテッドゼラニウム
セントジョンズ・ワート
ソープワート
タイム
タチアオイ
タラゴン
ダリア
チェリーセージ
チャイブ
ツクシイバラ
ディル
ドクダミ
ナスタチウム
ナデシコ
ナルコユリ
ニンニク（収穫）
バーベイン
パープルセージ
ハギ
バジル
パセリ
バラ
ヒソップ
ヒマワリ
ビワ（収穫）
フィバーフュー
フェンネル
ブッドレア
フロックス
ペニーロイヤルミント
ベリー類
ベルガモット
ホップ
ボリジ
マロウ
ミント類
メドウセージ

ヤグルマソウ
ヤロウ
ユキノシタ
ユリ
ラクスパー(チドリソウ)
ラベンダー
ラベンダーセージ

ラムズイヤー
ルッコラ
ルドベキア・タカオ
レディースマントル
レモングラス
レモンバーベナ
ワイルドストロベリー

The Classic Forest Garden

Early Summer June　Week one

Herbs ◆ハーブ

●バジル、チャービル、パセリ、ステビア、イタリアンパセリ、サラダバーネット、コリアンダー、アップルミント、ルッコラ、レモンバーム、しそなど　花を咲かせないよう、小まめに摘み取りましょう。花が咲くと、葉が小さく弱くなってしまいます。
●ミント、ヤロウ、タラゴン、コンフリー(食用にはなりません)などの多年草のハーブ　収穫後、約5cmの長さに切り戻します。
●アップルミント、スペアミント　高さが20cm以上になったら、切り戻しを兼ねて収穫します。乾燥させてハーブティーにしたり、お風呂に入れてハーブバスとして使えます。

その他、剪定してあまったフレッシュハーブはどれもハーブバスに使えます。

Flowers ◆花

●梅雨に備えて庭を整えましょう。
植物の周りの風通しを良くすれば、様々な病気を予防することができます。花壇の植物が茂りすぎていれば、間引いてお友達に分けてあげましょう。どの花壇も雑草をきれいに抜いておきます。

Shrubs and trees ◆樹木類

●月桂樹　挿し木で増やします。

Herbs ◆ハーブ

チャイブ　約15cm以上の高さになるまで収穫しないこと。15cm以上になったら根元近くで刈り、スープの飾りつけやじゃがいも料理に散らして使いましょう。冬の間も料理に使えるように、みじん切りにして冷凍保存しておきます。
球根が増えたら、春か秋に数個ずつに分けます。
コンフリーの液体肥料などを時々施して、元気にしてやりましょう。

クローブピンク　夏に開花します。水はけの良い土と日当たりを好みます。

コモンセージ、パープルセージ　多雨を嫌うので、梅雨の間は軒下に避難させましょう。

Flowers ◆花

ユリ　丈が伸びてきたら、激しい雨にも耐えられるよう、竹などで支柱立てをしましょう。鉢植えのものは、花が咲き始めたら軒下に移動させ、突然の強雨から守りましょう。

マーガレット　花が咲き終わったら、10cmの高さに切り戻します。

Shrubs and trees ◆樹木類

びわ　新しい葉ではなく古い葉を摘み取り、よごれを拭き取ったら天日で乾かします。葉の表面の産毛を取り除き、竹ざるの上で再び乾かしてから茶缶に保存します。
ほうじ茶とびわの葉茶を混ぜたお茶は、8月の猛暑の夏バテ解消に最適です。

Biwa Tea

Early Summer June　Week three

Herbs ◆ハーブ

セージ　メドウセージやチェリーセージなどは、一般的に観賞用や切り花として楽しみます。夏から秋にかけて長期間花が咲き、枝が細長くなるので支柱立てをします。
コモンセージやパープルセージは、とてもおいしいハーブティーになります。

パイナップルセージ(半耐寒性)
ペインテッドセージ(半耐寒性)
ボッグセージ(耐寒性)
ラベンダーセージ(耐寒性)
メドウセージ(耐寒性)

★スギナを摘んで、ヘアケア効果の優れたリンスを作りましょう。

にんにく　花が咲く前に収穫するのを忘れないように。

Flowers ◆花

矢車草、ジギタリス、千鳥草など　花が咲き終わったら地面近くで切ります。
バラ　しおれた花を摘み取り、サッカー(台木から出る枝)を取り除き、害虫除けに木酢液をスプレーしましょう。

Early Summer June　Week four

Herbs ◆ハーブ

● タンジー　日当たりの良い乾燥した場所に植えましょう。
果樹の近くに植えれば虫除けになります。
夏に咲く花を乾燥させると、蟻除けにもなります。

● ユキノシタ　花をつける頃です。日陰の壁面によく生え、葉はいつでも摘むことができ、てんぷらにするとおいしくいただけます。

● 除虫菊　花が咲いたら、摘み取って天日干しにしましょう。
乾燥後は密閉容器で保存し、必要な時に取り出して虫除けとして使います。

● どくだみ　花が咲いたら収穫し、乾燥させてハーブティーや化粧水に使います。
どくだみは自生するので、あなたの庭の隅にもあるかもしれません。
昔から万能の薬草として利用されてきた日本のハーブの王様です。

Flowers ◆花

● 秋に向けて、以下の苗を購入しましょう。
秋明菊、ホトトギス、菊、藤袴（ふじばかま）、桔梗（ききょう）、女郎花（おみなえし）

Shrubs and trees ◆樹木類

● 桑　昨年伸びた新しい枝に花芽がつくので、
それ以外の枝を剪定しましょう。主枝を残し、
横から出ている側枝を刈り込み、中をすかします。
摘んだ桑の実はそのつど冷凍しておき、十分な量に
なったらジャムを作りましょう。
とってもおいしいですよ。

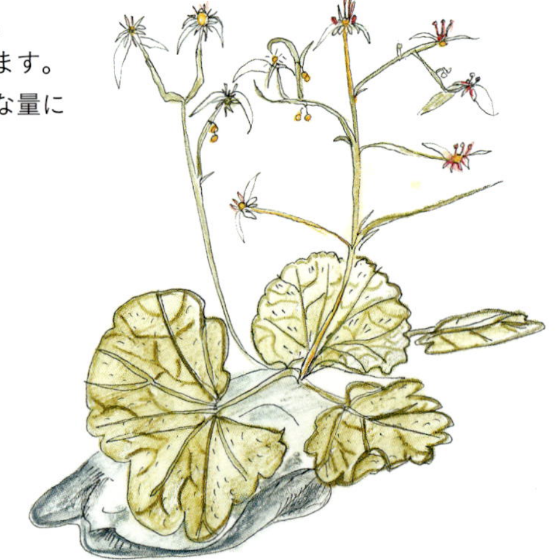

Yuki no Shita

Memo

Herbs ◆ハーブ

私は毎日いろいろな種類のベリーを少しずつ収穫し、ジャムを作るのに十分な量になるまで冷凍保存しておきます。雨の昼下がりに、冷凍しておいたベリーで、ヨーグルト用にブルーベリーソースを作ったり､グーズベリーやレッドカラントのジャムを作ります。

- ラズベリー、ブルーベリー、ブラックカラント　乾燥をとても嫌うので、コンポストでたっぷりとマルチングをし、土は常に湿っているようにします。根は土の浅いところで伸びるため、根を十分に保護し、頻繁な水やりが必要です。水が足りないと、実が大きく育ちません。
- グーズベリー(西洋スグリ)、レッドカラント　実をすべて摘みましょう。

Flowers ◆花

- 2週間に1度、すべてのハーブや草花、夏野菜に有機液体肥料、又はコンポスト堆肥をやりましょう。
- バラ　花が咲き終わったら施肥しましょう。

Shrubs and trees ◆樹木類

- 成長の早い生け垣や樹形の乱れた低木を刈り込みましょう。
- カシワバアジサイなどの低木　花が終わったら剪定しましょう。
- ラベンダー　花が咲いたらすぐに収穫しましょう。

涼しく風通しの良い日陰に吊るして、乾燥させます。

Mulberry

Herbs ◆ハーブ

◉セントジョンズ・ワート　花を摘み取り、チンキやセントジョンズ・ワート・オイルを作りましょう。お茶も作れます(薬を服用している場合は、副作用があるので要注意)。

◉ラベンダー、ベルガモット、キャットミント　収穫した後、枯れた花も摘んでおきましょう。

★コリアンダー　種ができるまでそのままにしておきましょう。日当たりと水はけの良い場所で大きく育ちます。
開花後そのままほっておくと種ができるので、収穫したら種を乾燥させましょう。種はとてもおいしく、焼き料理や野菜料理の味つけに使えます。

Flowers ◆花

◉ホトトギス、ルドベキア、藤袴、メドウセージ、ベルガモット
花壇の中で成長しすぎないように、約20cm刈り込みましょう。

Shrubs and trees ◆樹木類

◉シャクナゲ　花に元気がなければ、コンポスト堆肥を根元に施しましょう。

Herbs ◆ハーブ

バジル　夏の日中に少し陰になる場所に植えましょう。土を乾燥させないように、かつ、水をやりすぎないように気をつけましょう。日が昇ってからの水やりは、葉が焼けてしまいます。じめじめした場所に鉢を置くと、病気にかかりやすいので避けましょう。
頻繁に摘心すれば脇芽が成長して、葉を茂らせます。

青じそ、赤しそ　こぼれ種から自然に庭に生えてきます。
生えてきたしそは、晩春に1つの花壇に集めておきます。
7月の終わり頃には、大きく伸びて収穫できるようになるので、しそジュースを作りましょう。

★**ナスタチウム**　花をサラダにのせて食べたり、葉と花を煎じてヘアリンスを作りましょう。

Shrubs and trees ◆樹木類

紫陽花（あじさい）　開花後、花より1、2節下（葉が2〜4枚ついた状態）で切り戻しましょう。

ユーカリ　痩せ気味になっていたら切り戻します。
切った葉は、乾燥させてハーブバスに使いましょう。

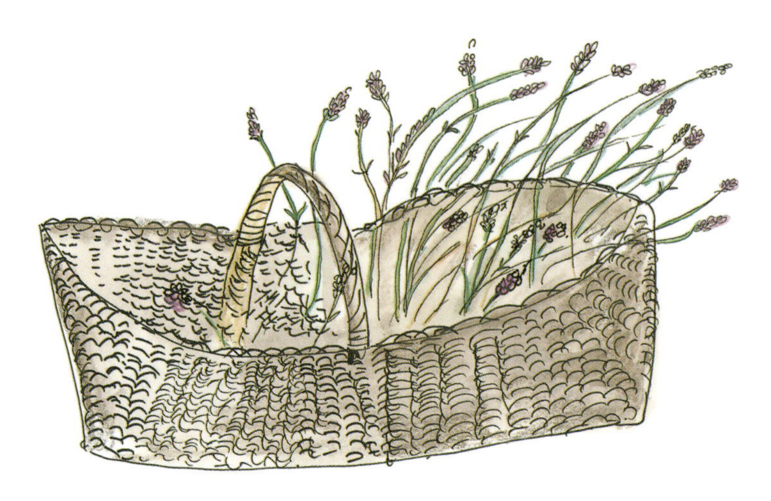

A Lavender Basket

Herbs ◆ハーブ

◉ラベンダー　まだ剪定を終えていなければ、しおれた花をすべて摘み取り整枝しましょう。
乾いた場所を好むので、地植えのラベンダーは夏の間でも水やりはほとんど不要です。

Flowers ◆花

★花の香りを楽しむ時間を作りましょう。

◉梅雨が終わったら、庭の植物の水やりを始めましょう。
夕方に水をやれば、植物はゆっくりと冷たい水を吸収でき、日中の水やりよりもはるかに効果的です。植木鉢の植物に水をやる時は、それぞれ10～20秒数えるくらいが目安です。

Shrubs and trees ◆樹木類

◉茂って形の乱れた常緑樹や垣根の剪定をしましょう。

Memo

Late Summer August Week one

Herbs ◆ハーブ

● 夏季の水やり

毎日夕方に、すべての植物に欠かさず水やりをしましょう。翌朝日が昇るまでの間、土が湿った状態になるので、植物はゆっくりと水を吸収できます。

鉢植えやハンギングバスケットの植物は、特に乾きやすいのでより頻繁に水をやります。それぞれの鉢で少なくとも10〜20秒数えましょう。

照り返しの強いコンクリートの建物では、1日に2回水やりをし、よしずなどで植物に陰を作ってやりましょう。

★ヤロウ　コンポストの分解を助けるので、収穫した一部の葉は、コンポスト容器に入れます。

Flowers ◆花

● しおれた花は、随時摘んでいきましょう。

Shrubs and trees ◆樹木類

● 藤　剪定をします。花をつけた枝は、主枝から6葉目のところまで切り戻します。

● 柊(ひいらぎ)などの樹木　たっぷりと水をやります。水が足りないと、葉が茶色に変色します。

Watering Can

Herbs ◆ハーブ

● センテッドゼラニウム、レモンバーベナ　痩せて間延びした枝は、先を剪定し葉を茂らせましょう。

★私はセンテッドゼラニウムやレモンバーベナの伸びた枝を切って、ジャムやゼリー、アイスクリームやシャーベットなどの風味づけに使います。どれも暑い夏のご馳走になります。
冷凍庫で保存しておけば、突然のお客様にもすぐに振る舞うことができます。

★日陰に腰かけて、夏のティーパーティーを楽しみましょう。

Shrubs and trees ◆樹木類

● 椿、茶の木、サツキなど　水やりを忘れないようにしましょう。水をやらなくても、夏の間は元気そうに見えますが、春にたくさん花を咲かせたいのであれば、この時期にたっぷりと水をやらなければなりません。

● ユーカリ　夏の間、たくさんの水を必要とします。

● 金柑（きんかん）　夏の間、鉢植えの木には週に1度の水やりをします。

Late Summer August Week three

夏は朝早く、涼しいうちに起きて庭仕事をすると気持ちが良いです。
私は、早朝に庭を歩いて回り、トカゲやミツバチ、蝶々など、私の
小さな楽園にやってくるお客さんを探すのが楽しみです。

Herbs ◆ハーブ

- ゲンノショウコ　すべての葉を摘み取って収穫しましょう。
乾燥させた葉や茎は、ハーブティーやハーブバスに利用できます。

Shrubs and trees ◆樹木類

- 樹木類が乾きすぎないよう定期的に見回り、水やりをしましょう。

Japanese yakuso Herb bath

Herbs ◆ハーブ

- 毎日、植物たちの水やりを忘れないように。
- パセリ、チャービル、ルッコラ、水菜、ほうれん草、コリアンダー　秋に収穫できるよう、9月上旬までに種をまきます。
- きんせんか　来春に花が咲くよう、種をまきましょう。

Flowers ◆花

- 菊、ダリア　枯れた葉や花を摘み取り、脇芽がたくさん出るようにしましょう。

Memo

Autumn
秋

We may grow old, but in the garden
Our heart doesn't ever change.

どんなに年をとっても、庭にいる時、私たちの心は変わりません。

Autumn Garden Sketches

ベニシアの秋の庭　9～11月に開花する草花

アゲラタム
イチジク（実）
ウィンターコスモス
ガーデンシクラメン（秋～春）
カラスウリ（実）
カラミント
カリガネソウ
キク
キタヤマユウゼンギク
コスモス
コバルトセージ
ゴボウ（収穫）
サザンカ
サフラン
サラシナショウマ
シュウメイギク
ショウガ（収穫）
ススキ
ステビア
タマスダレ
ダンギク
タンジー
ツワブキ
ティープラント（茶の木）
パイナップルセージ
ハナトラノオ
ヒガンバナ
ビワ（花）
フウチソウ
フジバカマ
ブッドレア
ベンケイソウ
ホアハウンド
ボッグセージ
ホップ
ホトトギス
マーガレットコスモス
ミズヒキ
ムクゲ
メキシカンブッシュセージ
メドウセージ
ヤブミョウガ（実）
ユーパトリューム・チョコラータ
ユズ
リンドウ
ワレモコウ

Tulips.
Wine Garden
2009.

Flowers ◆花

一年草は、いっせいに今年最後の花を咲かせます。

● 晴れて乾燥した日に、ひまわりなどの一年草の花の種を収穫しましょう。種子の表面が緑色から茶色に変わったら収穫時です。
● ヘザーなどの岩生植物　株分けをして挿し木をします。ヘザーは、風通しが良くなるようにすかすと、虫がつきにくくなり、翌年花つきが良くなります。
● その他、株が増えて過密になった植物があれば、同様に株分けをします。
● コリンアンダー、フェンネル、ディル　冬の間も料理に使えるよう、種を取って乾燥した場所で保存しておきましょう。

Shrubs and trees ◆樹木類

● ホップ　花を収穫して、軒下で乾燥させます。ホップの薄緑色を保つために、戸棚の中など暗い場所に保存しましょう。ホップの表面は素手で触ると痛いので、収穫の時は手袋を使いましょう。
乾燥させた花は枕に入れると安眠できます。
● サツキやクチナシなどの花の咲く低木　秋は庭に定植させるのに良い時期です。土壌はまだ温かく、秋の雨は植物に潤いを与えます。
低木は、鉢に植わっていた時と同じ深さに植えましょう。

Herbs ◆ハーブ

- ベルガモット、センテッドゼラニウム　収穫後、乾燥させて保存しておきます。ポプリやハーブバスに使えます。
- ごぼう、しょうが　根を収穫しましょう。
- ウコン　葉が茶色くなり始めたら、霜が降りる前までに掘り起こして収穫しましょう。
- ホースラディッシュ　ソースに使う必要な分だけ、そのつど根を掘り起こして収穫しましょう。

Flowers ◆花

- プリムローズ、リンドウ　来年もたくさんの花を咲かせてくれるよう、コンポスト堆肥を施しましょう。

Shrubs and trees ◆樹木類

- ユーカリ、柚子、マルメロ　よく熟成したコンポスト堆肥を忘れずに根元にやりましょう。
日当たりと水はけが良く、肥沃な土を好みます。

Early Autumn September Week three

Herbs ◆ハーブ

●パセリ、コリアンダー、チャービル　夏の終わりに種をまいても、もう一度まけば、時期をずらして収穫できます。芽が確実に出るように、毎日の水やりを忘れないように。

●この時期、根を収穫して使えるハーブがいくつかありますが、経験と知識の豊富なハーバリストでないと扱いが難しいでしょう。私はいつも、単に花を楽しむことにしています。
昔、薬に使われた植物や、現在漢方薬に使われている植物を庭に植えています。

桔梗（ききょう）　咳と喉の痛みに
リンドウ　結膜炎に
オオグルマ　咳、風邪、下痢に
エキナセア　免疫力を高めるために

Flowers ◆花

●チューリップ　春に向けて球根を買い求めましょう。できるだけ、大きくしっかりと硬いものを選びます。

●スノードロップ　3年に1度は球根を分けましょう。

Shrubs and trees ◆樹木類

●落葉樹は剪定し、低木や常緑樹の垣根も刈り込みましょう。

Herbs ◆ハーブ

●ラベンダー、ローズマリー　秋に7cmくらい茎を切り、挿し木で増やしましょう。
常に土が湿っている状態を保ち、数週間後に根が出たら約30cm間隔で地植えしましょう。

★藤袴（ふじばかま）　秋にとてもきれいな花を咲かせてくれます。アメリカの先住民は、丸葉藤袴の根を利尿薬として使っていました。

Flowers ◆花

●水仙　開花時期をずらすために、球根を9月から少しずつ植え始めます。
●菊、メキシカンブッシュセージなどの花　支柱立てをしましょう。菊は日照時間が短くなってくると、それを察知して花を咲かせます。

Shrubs and trees ◆樹木類

●樹木、蔓性植物などの挿し木を行いましょう。

Memo

Herbs ◆ハーブ

冬が近づいてきたので、多年草のハーブの剪定を始めましょう。
切ったハーブは、冬の間も使えるように乾燥させておきます。

- ヒソップ、タイム、ラベンダー　茎を約3cm切り詰めましょう。
- セージ、スイートマジョラム、ベルガモット　10〜15cmの高さに切り戻します。
- ステビア、ホップ、レモングラス、タラゴン、オレガノ、レモンバーム、ヤロウ、ミント類、セントジョンズ・ワート、タンジー　約5cmの高さに切り戻します。
- タイム、ローズマリー　古枝を刈り取り、伸びすぎた茎も剪定します。

Flowers ◆花

- チューリップ　翌春咲かせるために球根の植えつけを始めます。球根を地表近くに植えると、あまり花が咲かなくなるので、球根の大きさの約2倍の深さに植えましょう。
チューリップは、鉢植えにした方が育てやすいでしょう。冬の寒さに当てた方がよく花が咲きます。開花後は、鉢ごと庭の隅に移動して、自然に葉が枯れるまでおいておきます。

★チューリップの球根を植える時は、配色を考えましょう。
例えば、赤と黄色、又は紫とピンクの組み合わせなど。
配色を工夫すれば、より効果的に美しく見せることができます。

- 矢車草、ジギタリス、ポピー、デルフィニウム　コンテナの土に種をまきます。一年草や二年草の中でも冬の寒さに強いものは、秋に種をまき、冬の間コールドフレームの中で育てます。

Shrubs and trees ◆樹木類

- 枯れた枝葉を切り取りましょう。
- 蔓性植物は、新しく出た枝を絡ませたい場所に固定します。

秋半ば　　月　第　　週

Herbs ◆ハーブ

すべての花壇とコンテナの植物に、冬に向けてのマルチングをしましょう。冬がくるまでに必ず収穫をすませておきます。

● ヒソップ、スイートマジョラム、ナスタチウム、サラダバーネット、ウィンターセイボリー、タイム　砂質で乾燥した土を好むので、もみ殻、卵の殻、砕いた貝殻などでマルチングをしましょう。

● 上記以外のすべのハーブには、土とコンポスト堆肥を混ぜたものでマルチングをします。マルチングは、植物を寒い冬の間守ってくれる毛布のようなものです。

● パセリ、チャービル、コリアンダー　翌年の春に向けてコンテナに種をまきましょう。

● いちご　苗を庭に植えつけましょう。

Flowers ◆花

● ナルコユリ　秋に根の株分けをして、花を増やしましょう。

★私は秋の七草が大好きで、葛（くず）以外はすべて庭に生えています。
女郎花（おみなえし）、萩（はぎ）、藤袴、すすき、桔梗、撫子（なでしこ）

Shrubs and trees ◆樹木類

● 西洋山査子（さんざし）　樹形が崩れ始めたら、枝先を軽く剪定して整えましょう。

Herbs ◆ハーブ

- 翌年に収穫できるよう、にんにくを植えましょう。

Flowers ◆花

- スノードロップ　春を告げる花です。水はけの良い肥沃な土に球根を植えましょう。
- 菜の花　この時期に種をまけば、冬の終わりには花が咲き始めるでしょう。
- スイートピー　種は表面が硬く発芽しにくいので、まく前に濡らしたティッシュの中に包んで湿らせておきます。移植を嫌うので、土の中で分解できる生分解ポットなどにまき、春になったらポットのまま花壇に植えましょう。

Shrubs and trees ◆樹木類

- 土とコンポスト堆肥を混ぜたもので、樹木類の根元にマルチングをします。酸性を好む植物には腐葉土をやりましょう。

Long white radish

Herbs ◆ハーブ

◎ねぎ　翌年に向けて、種をまき始めましょう。

Flowers ◆花

◎ベゴニア　霜と寒さに弱い植物です。葉は根を残して枯れます。開花後は古い枝を切り取り、根を土から掘り起こして乾燥したピートモスで覆い、室内やハウス(温室)などの温かく乾燥した場所で保管しておきましょう。

Shrubs and trees ◆樹木類

◎ホップ　蔓を引っ張り、切り取る作業をすませます。茶色になったホップは染め物に使ったり、リラックス効果のあるハーブバスとして使えます。

Memo

Herbs ◆ハーブ

● センテッドゼラニウムの耐寒温度は5度です。寒くなってきたら屋内か軒下に移動しましょう。私は以下の種類を育てています。

ミントゼラニウム　レモンゼラニウム
ピーチゼラニウム　アプリコットゼラニウム
ローズゼラニウム　アップルゼラニウム
ナツメグゼラニウム

● 以下のハーブも寒さに弱いので、耐寒温度を下回りそうになったら屋内か軒下に移動しましょう。

	耐寒温度
レモンバーベナ	5度
アロエベラ	5度
マジョラム	5度
レモンマートル	5度
レモングラス	7度

Flowers ◆花

● 寒さに弱い植物を、軒下や屋根のある場所に移動しましょう。
冬の寒さが厳しい地域では、屋内に移します。
例：ルリマツリ、フクシア、ゼラニウム、ユリオプス属、シコンノボタン、ランタナ

● ガーデンシクラメン　私はハンギングバスケットに植えています。本格的な寒さがくる前に植えつけるとよく育ちます。

Shrubs and trees ◆樹木類

● 寒さが厳しくなる時期は霜から守るために、苗は苗ドームで、若木は藁などで覆いましょう。私はガラス製の苗ドームを使っています。

● ユーカリ　コンテナで育てている若木は、軒下に移動しましょう。

Herbs ◆ハーブ

● サフラン　花の柱頭(めしべの先端)を少しずつ収穫し始めましょう。

Flowers ◆花

● ユリ　球根は、秋の半ばから早春にかけていつでも植えつけることができます。
水はけが良く、コンポスト堆肥が混ざった肥沃な土を好みます。
植える時は、球根の大きさの3〜4倍の深さに植えます。
球根が乾いていたら、鉢植え用の湿った培養土に数日間浸けてから植えると良いでしょう。植木鉢に植えていれば、梅雨の時期も軒下などに移動させて花を守ることができます。

Shrubs and trees ◆樹木類

● 若木と支柱を固定する紐がきつくなっていないか、確認します。
● クチナシ、椿、サツキ、シャクナゲ、柊、南天、千両、万両、山茶花など　酸性土を好む樹木には、腐葉土でマルチングをしましょう。

Herbs ◆ハーブ

落ち葉を掃き、球根や木を植えたり、マルチングをしたりと、とても忙しい月です。

- 寒さに弱い植物は、屋内か軒下に移動します。さらに、藁(わら)などで覆いましょう。

- 寒さに強い植物は屋外のままで良いのですが、地面から約30cmの高さに切り戻しましょう。杉や檜(ひのき)のような枝や藁などで植物を囲い、霜や凍えるような寒い夜から守りましょう。

- フクシア　屋内かハウスに移動し、日当たりが良く温かい場所で管理し、水やりは少量にします。根腐れする恐れがあるので、水のやりすぎには気をつけて。

Flowers ◆花

- 多年草の植物は、最初の霜が降りるまで水をやりましょう。軒下に移動させた植物にも少量の水をやります。

Shrubs and trees ◆樹木類

秋は、樹木類を植えるのに最適です。

- ブルーベリー、レッドカラント、クランベリーなどのベリー類
大きめの鉢にコンポスト堆肥を混ぜ入れ、深く植えつけましょう。
- 柊　クリスマスに向けて刈り込んで形を整え、トピアリー(樹木や低木を装飾的な形に刈り込んだもの)を作りましょう。

Herbs ◆ハーブ

- フレンチタラゴン　風の当たらない、肥沃でやや乾燥した土を好みます。他のハーブと一緒に植えられるのを嫌います。
フレンチタラゴンは、香りと味がとても良いので私のお気に入りです。

Flowers ◆花

- 寒さに弱い植物はすべて温かい場所に移動しましょう。

Shrubs and trees ◆樹木類

- 月桂樹　若木は、日中やや日陰になる場所に植えます。
成長した月桂樹は、冬の初めにすべての枝を切り戻すと、翌年に枝が増えて、こんもりと茂ります。刈った枝葉は、乾燥させて料理やクリスマスの飾りとして使いましょう。

Memo

Winter

冬

We all feel happier, when our lives are in tune with the seasons.

私たちは皆、四季とともに暮らすと幸せを感じます。

Winter Garden Sketches

ベニシアの冬の庭　12〜2月に開花する草花

キンカン(実)
クリスマスホーリー(実)
クリスマスローズ
サザンカ
スイセン
スイートバイオレット(においすみれ)
スノードロップ
センリョウ(実)
ナンテン(実)
ヒイラギ
ビオラ
ビワ(花)
プリムラ・ブルガリス(プリムローズ)
フユイチゴ
マンリョウ(実)
ローズマリー

Winter Snow in the Forest Garden

Herbs ◆ハーブ

◘寒い地域では、以下の植物を屋内に移動したか確認しましょう。

センテッドゼラニウム
アロエベラ
レモングラス
パイナップルセージなど

寒さがあまり厳しくならない地域では、庭に置いたまま、藁(わら)囲いをして霜から守ってやりましょう。

◘レディースマントル　枯れた葉を取り除き、冬に備えてマルチングをしましょう。

Flowers ◆花

屋内に移動した植物には、追肥は必要ありません。冬の間は休ませます。水のやりすぎにも気をつけましょう。

◘チューリップ、パンジー　植木鉢に植えつける作業を終わらせます。
パンジーは、厳しい寒さがくる前にしっかりと根を張るとよく育つので、あまり寒くならないうちに植えましょう。

Herbs ◆ハーブ

室内に植物を置く場所がない場合は、藁囲いをし軒下など屋根のある場所に移して、植物を霜から守ってやりましょう。

- ルバーブ、サントリナ　藁囲いをします。
- スイートバイオレット(においすみれ)　腐葉土でマルチングをします。肥沃な土と日陰を好みます。
- レモンマートル、メキシカンブッシュセージ、レモンバーベナ　屋内に移動するのを忘れないように。

Flowers ◆花

ユール(冬至のお祭り)とクリスマスが近づいてきました。庭の掃除をして、植物を冷たい風や雪から守る備えをしましょう。

- ラベンダーセージ、メドウセージ、メキシカンブッシュセージ　花を咲かせるセージを、地面から約5cmの高さに切り戻します。

Shrubs and trees ◆樹木類

- クチナシ　実が赤みがかった黄色になったら収穫しましょう。

Early winter December week three

Herbs ◆ハーブ

寒い季節の間は、庭をゆっくり眠らせてあげましょう。その間、私たちもゆっくりと休養し、クリスマスを楽しみましょう。

- 気温が急激に下がるようであれば、コールドフレームにキャンドルを灯してやりましょう。
- 枯れた葉や枝、支柱を片づけます。

Flowers ◆花

- 冬に向けてのマルチングをすべて終わらせます。
- 軒下や屋内に移動した植物の水やりを忘れないように。

Shrubs and trees ◆樹木類

冬の間、庭で元気なのはほとんどが常緑樹です。冬の景観のために庭の植物の3分の1は常緑樹にしておくと良いでしょう。

- まだ剪定の終わっていない落葉樹や生け垣の剪定を終わらせます。最後の落ち葉まできれいに掃除して、新しい年に備えましょう。

★今後の庭づくりの計画を立てましょう。全く新しい庭づくりを試みたり、新しいアイデアを取り入れるのも良いでしょう。私は前年の経験をもとに、新しい植物の組み合わせを翌年に実行します。
★心せくことなく年の終わりを過ごし、ゆっくりと穏やかな新年を迎える準備をしましょう。

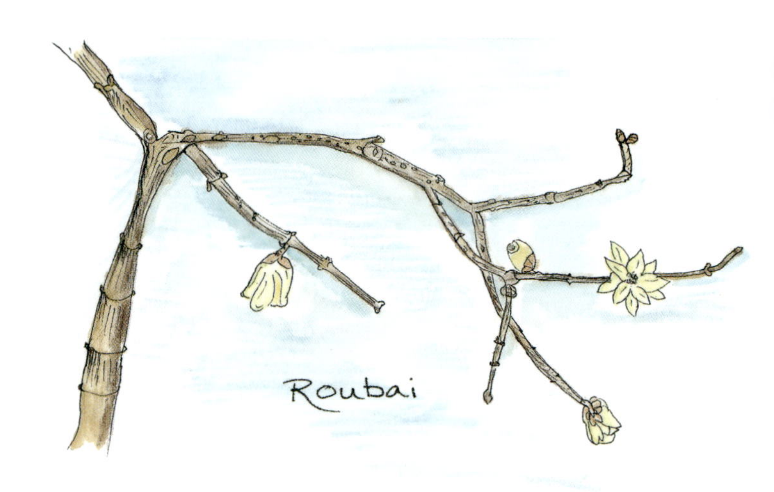

Herbs ◆ハーブ

◎気温が5度以下になる地域では、寒さに弱い植物を屋内に移動します。冬の間、植物はあまり水を必要としませんが、週に1度水やりをするのを忘れないように。

Flowers ◆花

◎バラ　深く切り戻すとよく花を咲かせます。特に側枝は短めに剪定しましょう。主枝が多すぎる場合は、そのうち何本かを地面から30cmほどの高さに刈り込みましょう。蔓薔薇は、枝を横に這うように誘引するとよく咲きます。

◎ガーデンシクラメン　クリスマス用に購入したり、プレゼントにもらったシクラメンを地植えすれば、翌年もう1度花を咲かせてくれるかもしれません。日当たりが良く、落葉樹の下などの強い霜に当たらない水はけの良い場所が適しています。

Shrubs and trees ◆樹木類

◎桜、梅などの樹木類　暖かい日に植えつけましょう。

◎月桂樹　あまり風が当たらない場所で、水はけの良い肥沃な土を好みます。若木には藁を巻きつけて、霜除けをしましょう。

郵 便 は が き

料金受取人払郵便

麹町局承認

778

差出有効期間
平成29年2月
19日まで

102-8720

439

東京都千代田区九段北
4-2-29

株式会社 世界文化社
編集企画2部

『ベニシアの庭づくりノート』係 行

ﾌﾘｶﾞﾅ		年齢	1 男 ・ 2 女
氏名		歳	
		1 未婚　2 既婚	
住所 〒　　－　　都道府県			
TEL　　(　　)			
E-mail			
興味・関心のある事 (例)料理 (　　)			

今後の企画の参考にするため、アンケートのご協力をお願いしています。ご回答いただいた内容は個人を特定できる部分を削除して統計データ作成のために利用させていただきます。ハガキやデータは集計後、速やかに適切な方法で廃棄し、6か月を超えて保有いたしません。

愛読者カード

〔1〕この本を何で知りましたか？　※(　　)内に具体的にお書き下さい。

a.新聞（　　　　　　　　新聞）　b.雑誌（　　　　　　　　）
c.テレビで（　　　　　　　　）　d.書店の店頭で
e.人に勧められて　f.その他（　　　　　　　　）

〔2〕お買い求めの動機は？（いくつでも丸を）

a.装幀が良かったから　b.タイトルに興味をひかれたから
c.興味のあるテーマだから　d.内容が面白そうだったから
e.その他（　　　　　　　　）

〔3〕この本をどこでお買い求められましたか？

（　　　　　）都·道·府·県（　　　　　）区·市·郡
（　　　　　　　）書店　（　　　　　　　）コーナー

〔4〕この本についてのご感想、ご意見をお教え下さい。

※あなたのご意見・ご感想を、本書の新聞・雑誌広告や世界文化社のホームページ等で

1. 掲載してもよい　2. 掲載しないでほしい　3. ペンネームなら掲載してもよい

ペンネーム（　　　　　　　　）

※当社よりお客様に、今後の刊行予定など各種ご案内をお送りしてよろしいですか。
希望する場合は下の□にチェックしてください。

当社からの案内などを希望する……………□

ご協力ありがとうございました。

冬半ば　月 第　週

Herbs ◆ハーブ

◎センテッドゼラニウム　家の中に入れておいたゼラニウムの枯れた葉を取り除き、徒長した枝葉を剪定します。脇芽のある節の上まで切り戻しましょう。切った枝葉は洗濯ネットに入れて風呂に浸すと、とても良い香りがしてリラックスできます。

Flowers ◆花

＊イギリスでは、スノードロップの開花が春の訪れを告げてくれます。毎朝庭に出て、雪の間から顔を覗かせるスノードロップを探すのが楽しみです。

Shrubs and trees ◆樹木類

＊スライスしたりんごを庭の木に吊り下げておけば、鳥たちがつつきにやってきます。鳥たちは大喜びで、きっとあなたの優しい心に感謝することでしょう。
寒い冬のさなか、庭を訪れる鳥たちを眺めていると幸せな気持ちになれます。

Flowers ◆花

◎ミニ水仙　春先に咲いて、真っ先に庭を彩ってくれます。苗を園芸店で購入し、庭の隅の木の根元などに植えましょう。
翌年の春先にも、再び花を咲かせてくれるでしょう。

Herbs ◆ハーブ

★キッチンなどに吊るしたハーブは、長期間放置して乾燥しすぎないように気をつけましょう。
乾燥させる期間は約2週間で十分です。密閉容器に入れて暗所で保存します。

Flowers ◆花

◎スノードロップ、水仙、ビオラ　しおれた花は、随時摘み取りましょう。

冬半ば　　月 第　　週

Herbs ◆ハーブ

◎スイートバイオレット(においすみれ)　早春に花を咲かせます。開花時には日光を必要としますが、それ以外の時は日陰を好みます。野生のすみれが土手などでよく育つのは、開花の終わったすみれを周りの植物たちが日陰になって守ってくれるからです。
開花時には、覆い被さっている枯れ葉などがあれば取り除き、日当たりを良くしてあげましょう。
新しい花が次々に咲くように、しおれた花は随時摘み取ります。
スイートバイオレットは、庭に蝶を呼び寄せます。

Flowers ◆花

◎ユリ　苗は縦長のテラコッタに植え、軒下など屋根のある場所に置きましょう。
◎室内の鉢植えの植物に、週に1度の水やりを忘れずに。

Shrubs and trees ◆樹木類

◎藤　春がくる前に手入れをします。花芽のついていない枝は切り落とし、花芽のついている枝は、花芽を3、4個残すようにして剪定します。
◎ブッドレア　若木には支柱立てをします。
前年に横に伸びた側枝は根元から切り、花がらを取りましょう。
水はけが良く、日当りの良い場所を好みます。
開花すると、たくさんの蝶やミツバチが寄ってきます。

Herbs ◆ハーブ

◘ラズベリー、ブラックベリー　古い枝はすべて剪定し、コンポスト堆肥でマルチングをしましょう。

Flowers ◆花

◘遅咲き大輪系クレマチス　枯れた部分を切り落とし、枝を新芽のところまで切り戻します。

Shrubs and trees ◆樹木類

◘りんご、梨の木　暖かく晴れた日に、枝を剪定しましょう。

◘霜で緩んだ木の周りの土を踏み固めて、コンポスト堆肥のマルチングを少し足してやりましょう。

◘若木や果樹、蔓性植物　コンポスト堆肥でマルチングをして、春に向けて元気にしてやりましょう。

◘南天などの低木　剪定し、刈った枝葉は生け花などのアレンジに使います。

Herbs ◆ハーブ

◎料理にハーブを使いたい方は、以下のハーブをコールドフレームで育て始めましょう。キッチンの近くで育てると便利です。どれも種からでも苗からでも育てられます。

タイム、セイボリー、タラゴン、フェンネル、ディル、しそ、チャイブ、三つ葉、パセリ、チャービル、コリアンダー、ローズマリー

Flowers ◆花

◎水仙　新しい葉が出てくるこの頃に、エプソムソルトか木の灰をコンポスト堆肥に混ぜたものをまいてやると、早春に美しい花を咲かせてくれます。
EM（有用微生物群）菌の液体肥料やコンフリーで作った液体肥料を水で薄めたものも効果的です。
◎除虫菊　種をコールドフレームの中のコンテナにまきます。
乾燥させた除虫菊は、天然の虫除けになります。

Shrubs and trees ◆樹木類

◎ムクゲなど、秋に開花する樹木　剪定し、枯れたり傷ついた枝も切り取ります。
◎グーズベリー（西洋スグリ）、ブラックカラント、レッドカラント
若木を植えつけます。成長した木は、枝を剪定すると新しい枝が出やすくなります。コンポストで厚くマルチングをし、根を湿潤に保ちましょう。
◎いちじく　剪定して、鶏糞の肥料を施します。

Late Winter February　Week four

Herbs ◆ハーブ

◎プルモナリア　肥沃で湿った日陰を好みます。種からでなく苗からの方が育てやすいです。
早春に芽を出し、葉の模様が可愛らしく、見ているだけでも楽しいハーブです。
◎ルー　冬の間は、藁などで厳しい寒さから守ってやりましょう。猫はルーの匂いを嫌うので、庭の猫除けにもなります。猫が好きな方は、ルーを植えないようにしましょう。

★ルーはいちじくと相性が良く、根元に植えるとお互いの成長を助けよく育ちます。バジルとは、相性が悪いので近くに植えるのは避けましょう。

Flowers ◆花

チューリップ、クロッカスの芽も地面に顔を出し始めました。
春はもうそこまできています。
雪の季節が終わり土が乾き始めたら、すぐに庭の掃除を始めましょう。

◎クリスマスローズ　日陰と適度に肥えた土を好み、木の下でもよく育ちます。花芽を覆っている大きな葉を取り除きましょう。
あまり世話を必要としない控えめな植物ですが、
春までずっと花を咲かせてくれます。

Shrubs and trees ◆樹木類

◎木と支柱を結んでいる紐がきつくなっていないか確認しましょう。
冬は、柑橘系の木の剪定や植え替えに最適です。
冬の間にコンポスト堆肥でマルチングをし、春にもう1度施肥します。

Preparing the soil.

土作り

手間暇をかけて庭の土づくりをすることが、ガーデニングの成功の秘訣です。イギリスではガーデニング愛好家のほとんどが、自分で土づくりをしています。お金をかけずに、植物がよく育つ土が作れるからです。地面を少なくとも60〜80cmの深さまで掘り起こし、その土から岩や石や雑草を丁寧に取り除きましょう。その土を手押し車などに入れ、以下の材料を混ぜて軽くほぐします。それができたら、掘り起こした穴に土を戻しましょう。

ベニシアの土（手押し車1杯分）

7割　土
2割　コンポスト
1割　砂
腐葉土　1カップ
石灰　大さじ3杯
灰　大さじ4杯

コンポストを作ったり、入手するのが難しい場合は、代わりにピートモスを使って土を軽くします。現在、多くの国でガーデニングがブームとなっていることから、世界的にピートモスの需給が逼迫(ひっぱく)しているので、私はどうしても必要な時以外は使わないようにしています。灰が手に入らない場合は、石灰の量を増やしてください。マンションにお住まいの方は、ハーブ用に調合した土を購入しても良いでしょう。

ラベンダー、ローズマリー、タイムなど、アルカリ性を好む植物の場合は、土を酸性にするピートモスや腐葉土は混ぜません。代わりに、砂、卵の殻、細かい砂利を混ぜると、日本の梅雨や台風の時期でも土を乾燥した状態に保てるので、植物が喜びます。

洗面器の中がコンポスト。その上の3つの器の中が腐葉土と石灰、灰。

コンフリーの入ったコンポストは、チョコレートケーキのように砕けやすく、柔らかい。

How to make compost.

コンポストの作り方

台所や庭から出たごみは、自然界の微生物の力で分解され、コンポストになります。悪臭もなく、チョコレートケーキのように砕けやすい触感のコンポストを作るには、以下の手順に従ってください。

1 上のイラストのような木製、又は金網製の箱を用意します。雨が入って温度が下がらないよう、箱には蓋をつけましょう。ごみの分解を手助けするミミズやその他の虫が底から入れるよう、底はつけず地面に置きます。

2 できれば、箱は2つか3つあると便利です。1つ目は新しいごみを入れる箱。2つ目はすでに満杯となり、3～4ヶ月後に分解が完了する箱。3つ目はできあがったコンポストの箱で、そのままマルチングに使えます。私は時々、最初の箱がいっぱいになったら、2つ目の箱に中身を移しています。こうすると、空気が入り、分解が早まります。

3 箱の中で、乾いた材料と湿った材料が層になるよう、うまく交互に重ねるのがコツです。まず、乾いた葉を敷き、次に台所の生ごみ(野菜、茶葉、コーヒーのかす、小麦粉、残飯、パンなど)を入れます。ただし、肉や魚は入れないこと。その後に、刈った枝葉や花、コンフリーなど分解の早い柔らかい材料を加えますが、種のついた草は入れません。植物の茎、小枝など、繊維質に富む硬めの材料が折り重なって、酸素を取り込み、分解を進めます。この順序で層を幾重にも重ねていきます。

4 夏の暑い時期は、コンポストの温度が上がりすぎないよう、またコンポストが乾燥しすぎないよう、時々水をかけましょう。

5 2～3ヶ月後に中身を別の空箱にひっくり返して混ぜると、分解のむらが減ります。さらにそのまま、黒っぽく、ぱらぱらとした状態になるまで3～4ヶ月間ほどおいておきます。全体量が半分程度になったら完成です。

Organic Comfrey liquid fertilizi

コンフリーの液体肥料

コンフリーの葉は、植物の栄養となる成分を多く含んでいます。高さ約1.5mまで伸びる多年生の植物で、日当たりの良い保湿性のある肥沃な土を好みます。簡単に育つので、世話をする必要はほとんどありません。コンフリーは、地中深くに根を張り、20年以上はもちます。浅い土壌や白亜質の土を除けば、どんな場所にも適応します。生け垣沿いなど、多少日陰になる場所でも育ちます。ただし、鉢での栽培には向きません。大量の葉が茂り、年に3、4回は収穫できます。庭の肥料となるコンポストを作るには、コンフリーを3株ほど植えれば十分でしょう。

コンフリーは、花や果実に不可欠な栄養素であるカリウムに富んでおり、その含有量は家畜糞堆肥の2～3倍にのぼります。それ以外にも窒素、カルシウム、リン、炭酸カリウムを豊富に含んでおり、良質な有機肥料として、オーガニックな庭づくりを目指す人の必需品となっています。

コンフリーの葉には繊維質がほとんど含まれていないため、すぐに分解されて黒い液体となり、手軽に使える植物の栄養剤としてガーデニングで重宝されています。

作り方

1 プラスチック製の大きめのバケツの半分までコンフリーの葉を入れ、水を加えて蓋をします。

2 そのままおくと2ヶ月後には黒い液体になるので、それを漉(こ)します(夏季は1ヶ月)。

使い方

★液体肥料を水で4倍に薄め、植物の根元の地面にかけます。夏に花をつける一年草に液体肥料をやりすぎると、花ではなく葉の成長を促すので、気をつけましょう。

★鉢植えの植物やバラには週に1回、鉢植えの野菜には週に2回、地植えの夏野菜や草花には、月に1回を目安に与えます。

★同じ方法で、コンフリー以外の液体堆肥も作れます。大きめのスコップに1、2杯分の生、あるいは乾燥した鶏糞や牛糞をメッシュの袋に入れ、水に1週間浸けるだけです。鶏・牛糞は、農家から譲ってもらうか、園芸店で乾燥糞を購入することもできます。

Maintaing the herb garden

ハーブの剪定

多年生のハーブは、春に大々的な剪定をするのが基本です。これは新たな成長を促すと同時に、1ヶ所で繁殖しすぎないようにするためです。また、冬の間に傷んだ枝を取り除く意味もあります。ハーブを定期的に収穫して使っていれば、剪定しなくてもすむ場合もあります。

Pruning Herbs

ルー、レモンバーベナ、セージ、スイートマジョラム、タイム、セイボリー、セントジョンズ・ワート
秋に枝の3分の1を剪定し、翌春に新しい芽の上まで切り戻す。

ヒソップ、ローズマリー、ラベンダー
開花後に3cm剪定し、春にも3cm剪定する。

フィーバーフュー、ローマンカモミール、メドウセージ、パイナップルセージ、ベルガモット、オレガノ
開花後に地表から5cmのところで剪定すると、翌年また花が咲く。

チャービル、バジル、ミント、レモンバーム、ローズゼラニウム、パセリ、コリアンダー
春の終わり頃から頻繁に摘心すると、葉がよく茂るようになる。

Propogation of herbs.

ハーブの増やし方

取り木

多年生ハーブには、茎が硬くても柔らかくても簡単に取り木で増やせるものがあります。セージ、ローズマリー、スイートマジョラム、ウィンターセイボリー、タイムなどです。

方法

1 地面に近い場所に生えている、強くて柔軟性のある枝を選びます。
2 洗濯ばさみかU字型の針金などで、その枝を地面に押さえつけます。枝が太い場合は、主茎から20〜25cmのところに下から斜めの切り込みを入れると、曲げやすくなります。
3 4〜6週間そのままにしておくと根が出てくるので、元の株から枝を慎重に切り離して移植します。

挿し木

センテッドゼラニウム、ミント、ベルガモットは、挿し木で簡単に増やせます。7cmほどに切った茎を、水の入った花瓶に挿しておくと、1週間ほどで根が出てくるので、それを直接土に植えます。

キャットミント、月桂樹、サントリナ、ローズマリー、ヘザー、ラベンダー、ジャスミン、ハニーサックルは、少し難しいかもしれませんが、以下の方法で挿し木ができます。

方法

1 ローズマリーやラベンダーなどを挿し木する時は、枝を7cmほど切り、葉は枝の上部3分の1を残し、それ以外は取り除きます。
2 軽くするために砂を混ぜた、通気性のある柔らかい土を小さな鉢に入れ、湿らせておきます(バーミキュライトを使っても良いです)。
3 その鉢に挿し木する枝を挿します。
4 数週間後に根が出たら、移植できます。
5 新しい苗を取り出す時は、葉から茎を包み込むように優しく持って、地面にあけた穴に枝を入れ、茎の周りの土を固めます。

1 春にゼラニウムの挿し木をする場合は、中心から外に向かって伸びていて、少なくとも5枚以上の状態の良い葉がついている枝を選びます。

2 切り取った枝の下3分の2の葉を取り除き、鉢に植える前に2〜3時間乾かします。切り口が乾くと、雑菌が入りにくくなります。

Mulching
マルチング

　マルチとは雑草が育たないように、また水分の蒸発を防ぎ、土の表面を守るために、土の上に被せる覆いのことです。マルチングは、ガーデニングの時間や手間や水やりを軽減してくれるだけでなく、冬の寒さから植物を守ってくれます。材料として最適なのは、よく発酵した牛糞や鶏糞、雑草が入っていない自家製のコンポスト、もみ殻、などです。また、夏の間も土の乾燥を防ぎ、地面に直射日光が当たらないので、雑草の発芽も抑えます。コンポストや腐葉土など、オーガニックな材料でマルチングをすると、土の栄養となり、しかも分解が進むので土が軽くなります。夏の間はハーブの根元を涼しく保ち、冬の間は寒さから守ってくれます。

方法

1 地表の雑草をきれいに除去します。

2 適切なマルチング素材を選びましょう。
アルカリ性の土壌にする場合＝コンポスト、もみ殻、卵の殻
酸性の土壌にする場合＝腐葉土、茶殻

3 地表5cmまでマルチングをします。敏感なハーブは茎が腐りやすいので、茎に触れないようにしましょう。

冬の防寒対策

冬の間、耐寒性のないハーブを庭にそのまま置いておく場合は､藁で覆いましょう。

マルチング、有機肥料の材料

腐葉土、又は茶殻で　　卵の殻で

もみ殻で

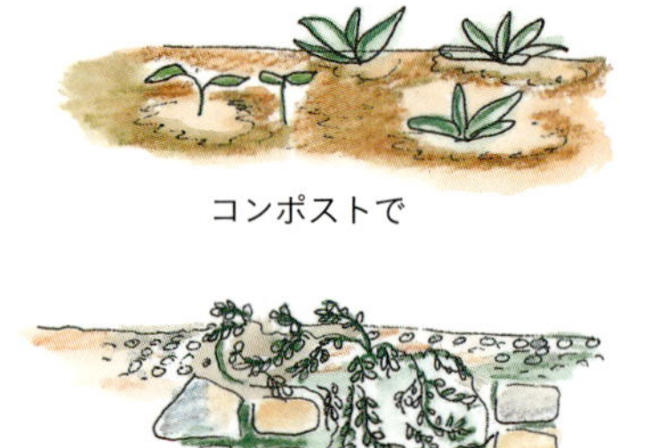

コンポストで

砂利や小石で

Tips for growing herbs.

基本のハーブ46種の育て方

ハーブ名	属性	原産地	日当たり	鉢植え
Aloe Vera アロエベラ	常緑、多年草、 高さ30cm、耐寒温度5℃	地中海沿岸、 南アフリカなどの亜熱帯		○
Basil バジル	一年草、 高さ30〜60cm、耐寒温度5℃	熱帯アジア		○
Bay Leaf 月桂樹	多年草、 高さ3〜15m、耐寒性	北アフリカ、 地中海沿岸		○
Borage ボリジ	一年草、 高さ約1m、耐寒性	トルコ、 地中海沿岸		×
Chamomile German ジャーマンカモミール	一年草、 高さ60〜90cm、耐寒性	西アジアからインド、 東ヨーロッパ		×
Chamomile Roman ローマンカモミール	多年草、 高さ20〜30cm、耐寒性	西アジアからインド、 東ヨーロッパ		×
Chervil チャービル	一年草、 高さ30〜45cm、耐寒性	ヨーロッパ、 西アジアから南ロシア		○
Chives チャイブ	多年草、 高さ30〜45cm、耐寒性	中央アジアなど 温帯地域		○
Comfrey コンフリー	多年草、 高さ30〜150cm、耐寒性	ヨーロッパ、シベリア、 トルコ		×
Coriander コリアンダー	一年草、 高さ60〜90cm、耐寒性	西アジア、 北アフリカ		○

日当たりの記号	 日当たりを好む	 日当たりを好むが数時間日陰も欲しい	 半日、日が当たり、半日、日陰を好む	
好みの土壌の記号	 乾燥して痩せた土壌を好む	 肥えて水はけが良い土壌を好む	  肥えて湿った土壌を好む	
	 湿った酸性土壌を好む	 肥料を必要とする		
使い方のヒントの記号	 生の花を料理の飾りに使う	 生の葉を料理の飾りに使う	 ハーブティーにする	 ジャムにする
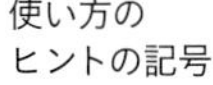	 料理に使う	 化粧品に使う	 クラフトに使う	 湿布に使う
	 フェイシャルスチームやハーブバスに使う	 リカー、チンキ、シロップ、オイルに使う	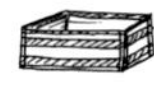 コンポストにする	

好みの土壌	収穫期	剪定／収穫	使い方のヒント
	年中 	茶色く古くなった葉を茎に近いところで切る。	
	5～10月	先端5、6枚の葉を茎ごと切る。 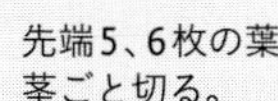 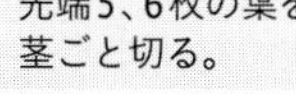	
  	年中	冬の初めに、枝を20～30cm刈り込む。	
 	5～10月	収穫後、深めに刈り込む。	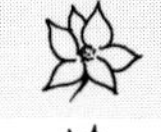 
 	6～8月	収穫後、深めに刈り込む。	  
 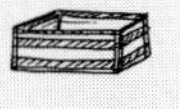	6～8月	収穫後、深めに刈り込む。	 
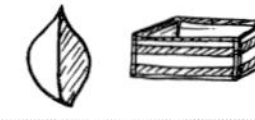	4～10月 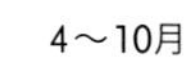	花芽がつく前に穂先を切る。外側の葉茎から切る。	
 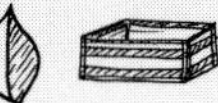	4～10月	15cm以上の高さになるまで収穫しない。根元近くで刈り取る。	
	3～11月 	年に3、4回収穫し、堆肥に使う。	
	5～10月	外側の若葉を摘む。種を収穫する。	 

ハーブ名	属性	原産地	日当たり	鉢植え
Dill ディル	一年草、高さ75～120cm、 耐寒性	地中海沿岸、 インド		○
Eucalyptus ユーカリ	常緑樹、高さ90cm以上、 耐寒温度-3℃	オーストラリア、 亜熱帯の山岳地		○
Fennel フェンネル	多年草、高さ30～45cm、 耐寒性	アジア、 地中海沿岸		×
Feverfew フィーバーフュー	一年草、高さ60cm、 耐寒性	コーカサス、 南ヨーロッパ		○
French Tarragon フレンチタラゴン	多年草、高さ60～80cm、 耐寒性	東ヨーロッパ、 中央アジア		○
Heart's ease Pansy ビオラ	一年草、高さ15cm、 耐寒性	北ヨーロッパ		○
Hops ホップ	多年草、長さ10～120cm、 耐寒性	西アジア、北アメリカ、 ヨーロッパ		×
Horehound ホアハウンド	多年草、50～70cm、 耐寒性	ヨーロッパ、 地中海沿岸		○
Horseradish ホースラディッシュ	多年草、高さ50～60cm、 耐寒性	ヨーロッパ		×
Hyssop ヒソップ	多年草、高さ50～80cm、 耐寒性	南ヨーロッパ、 西アジア		○
Italian Parsley イタリアンパセリ	二年草、高さ30～70cm、 耐寒性	ヨーロッパ、 地中海沿岸		○
Lavender ラベンダー	多年草、高さ1m、 耐寒性	地中海沿岸、 中東地域		○
Lemon Balm レモンバーム	多年草、高さ30～60cm、 耐寒性	南ヨーロッパ		○
Lemon Grass レモングラス	多年草、高さ1～2m、 耐寒温度7～10℃	南インド、 スリランカ		○
Lemon Verbena レモンバーベナ	多年草、高さ2m、 耐寒温度5℃	チリ、 アルゼンチン		○
Marjoram マジョラム	多年草、高さ20～50cm、 半耐寒性	ヨーロッパ、 地中海沿岸		○
Mints ミント類	多年草、高さ30～80cm、 耐寒性	ユーラシア大陸、 アフリカ		○
Nasturtium ナスタチウム	一年草、高さ30cm、 霜に弱い	コロンビア、 ボリビア		○

好みの土壌	収穫期	剪定／収穫	使い方のヒント
	5～10月	葉は若いうちに収穫する。 種を収穫する。	
	5～11月	こまめな剪定が必要。 元気のない枝を切る。	
	5～11月	若い茎と葉を必要に応じて収穫する。 熟した種を収穫する。	
	7～10月	葉と花を適宜収穫した後、 深く剪定する。	
	年中	晩秋に地面から 約10cmのところまで刈る。	
	2～4月	咲き終わった花がらを摘む。	
	8～9月	春に若い側枝を収穫する。秋に 地面から約5cm上のところで切る。	
	6～10月	剪定は1/3。切りすぎに注意。	
	10～12月	大きくなったら株分けをする。	
	7～10月	春と秋に茎を約3cm刈る。	
	3～11月	外側の葉茎から切る。	
	7月	春と秋に茎を3～5cm切る。花の色が あせ始めたら、すぐに深く刈り込む。	
	5～11月	春と秋に先端の若葉を摘む。	
	5～10月	晩秋に約5cmの高さに刈り込む。	
	6～10月	6月と10月に約10cm刈る。晩秋に 若葉のところまで刈り込む。	
	5～10月	梅雨前に軒下に移動する。	
	年中	先端の若葉を摘む。	
	5～10月	枯れた花を摘む。	

ハーブ名	属性	原産地	日当たり	鉢植え
Oregano オレガノ	多年草、高さ60cm、 耐寒性	ヨーロッパ		○
Parsley パセリ	二年草、高さ20～30cm、 耐寒性	イギリス、 南ヨーロッパ		○
Pot Marigold きんせんか	一年草、高さ45cm、 耐寒性	ヨーロッパ、 アジア		○
Raspberry, Blackberry ラズベリー、ブラックベリー	多年草、高さ80～140cm、 耐寒性	ヨーロッパ、北アメリカ、 日本		○
Rocket ルッコラ	一年草、高さ30～50cm、 耐寒性	地中海沿岸、 東アジア		○
Rosemary ローズマリー	多年草、高さ60～120cm、 耐寒性	地中海沿岸		○
Sage セージ	多年草、高さ60～80cm、 耐寒性	北アフリカ、 地中海沿岸		○
Salad Burnet サラダバーネット	多年草、高さ30～50cm、 耐寒性	ヨーロッパ、北アフリカ、 西アジア		○
Scented Geraniums センテッドゼラニウム	多年草、高さ30～140cm 耐寒温度5℃	南アフリカ		○
Stevia ステビア	多年草、高さ60～80cm、 霜に弱い	南アメリカ		○
St. Johns Wort セントジョンズ・ワート	多年草、高さ60～140cm、 耐寒性	ヨーロッパ、 日本		×
Summer Savory サマーセイボリー	一年草、高さ40～50cm、 非耐寒性	地中海沿岸		○
Sweet Violet においすみれ	多年草、高さ15cm、 耐寒性	ヨーロッパ		○
Tansy タンジー	多年草、高さ75～100cm、 耐寒性	ヨーロッパ		○
Thymes タイム類	多年草、高さ15～35cm、 耐寒性	北ヨーロッパ、 地中海沿岸		○
Wild Strawberry ワイルドストロベリー	多年草、高さ10cm、 耐寒性	北アメリカ、ヨーロッパ、 アジア		○
Winter Savory ウィンターセイボリー	多年草、高さ30～50cm、 耐寒性	地中海沿岸		○
Yarrow ヤロウ	多年草、高さ50～90cm、 耐寒性	ヨーロッパ、西アジア、 北アメリカ		×

好みの土壌	収穫期	剪定／収穫	使い方のヒント
	5～11月	晩秋に地面から 10cmまで切り戻す。	
	4～11月	若芽をこまめに採る。 外側の葉茎から切る	
	開花直後	枯れた花を摘む。	
	6～11月	春に、前年の枝を切る。	
	5～10月	若芽を収穫する。 種を収穫する。	
	年中	元気のない枝を切る。	
	年中	晩秋に、 新芽のところまで刈る。	
	4～10月	硬くなった下葉はこまめに刈る。 地面から約3cmのところで切る。	
	年中	先端を切る。 春に深く剪定する。	
	9～11月	春と秋に 茎を約3cm刈る。	
	6～8月	秋に新芽のところまで刈る (地面から約5cm)。	
	6～8月	切りすぎに注意。	
	2～4月	収穫後、深く刈り込む。	
	7～9月	花が咲き終わったら、 若芽のところまで刈る。	
	年中	春か秋に枝の1/3を剪定。	
	5～11月	長い茎を剪定する。 子株を切り取って、株分けをする。	
	3～12月	切りすぎに注意。	
	7～8月	収穫後、深く刈り込む。	

Know your plants.

植物の特性を知りましょう。

庭に植えた草花についての知識を深めましょう。
花の名前や見分け方だけでなく、
次の点もノートに書き込み、頭に入れておきましょう。

1. 土のタイプ
2. 必要な水と日光の量
3. 剪定時期
4. 開花、収穫時期
5. 葉の形と大きさ
6. 葉や花の色
7. 成長した時の高さと幅
8. 耐寒温度

本来は自らの観察と経験で得ていくものですが、
最初は植物事典などを参照しましょう。
すべてを覚えるのは大変なので、このノートに要点を記し、
月ごと、週ごとの作業をリストアップしておきましょう。

植物名 植えた日 参照頁

土のタイプ

必要な水と日光の量

剪定時期

開花、収穫時期

葉の形と大きさ

葉や花の色

成長した時の高さと幅

耐寒温度

植物名　植えた日　参照頁

土のタイプ

必要な水と日光の量

剪定時期

開花、収穫時期

葉の形と大きさ

葉や花の色

成長した時の高さと幅

耐寒温度

植物名　　植えた日　　参照頁

土のタイプ

必要な水と日光の量

剪定時期

開花、収穫時期

葉の形と大きさ

葉や花の色

成長した時の高さと幅

耐寒温度

植物名 植えた日 参照頁

土のタイプ

必要な水と日光の量

剪定時期

開花、収穫時期

葉の形と大きさ

葉や花の色

成長した時の高さと幅

耐寒温度

植物名　植えた日　参照頁

土のタイプ

必要な水と日光の量

剪定時期

開花、収穫時期

葉の形と大きさ

葉や花の色

成長した時の高さと幅

耐寒温度

植物名　植えた日　参照頁

土のタイプ

必要な水と日光の量

剪定時期

開花、収穫時期

葉の形と大きさ

葉や花の色

成長した時の高さと幅

耐寒温度

植物名　植えた日　参照頁

土のタイプ

必要な水と日光の量

剪定時期

開花、収穫時期

葉の形と大きさ

葉や花の色

成長した時の高さと幅

耐寒温度

植物名 植えた日 参照頁

土のタイプ

必要な水と日光の量

剪定時期

開花、収穫時期

葉の形と大きさ

葉や花の色

成長した時の高さと幅

耐寒温度

植物名　　植えた日　　参照頁

土のタイプ

必要な水と日光の量

剪定時期

開花、収穫時期

葉の形と大きさ

葉や花の色

成長した時の高さと幅

耐寒温度

植物名　植えた日　参照頁

土のタイプ

必要な水と日光の量

剪定時期

開花、収穫時期

葉の形と大きさ

葉や花の色

成長した時の高さと幅

耐寒温度

植物名　植えた日　参照頁

土のタイプ

必要な水と日光の量

剪定時期

開花、収穫時期

葉の形と大きさ

葉や花の色

成長した時の高さと幅

耐寒温度

植物名　植えた日　参照頁

土のタイプ

必要な水と日光の量

剪定時期

開花、収穫時期

葉の形と大きさ

葉や花の色

成長した時の高さと幅

耐寒温度

植物名 植えた日 参照頁

土のタイプ

必要な水と日光の量

剪定時期

開花、収穫時期

葉の形と大きさ

葉や花の色

成長した時の高さと幅

耐寒温度

植物名 植えた日 参照頁

土のタイプ

必要な水と日光の量

剪定時期

開花、収穫時期

葉の形と大きさ

葉や花の色

成長した時の高さと幅

耐寒温度

植物名　植えた日　参照頁

土のタイプ

必要な水と日光の量

剪定時期

開花、収穫時期

葉の形と大きさ

葉や花の色

成長した時の高さと幅

耐寒温度

植物名　植えた日　参照頁

土のタイプ

必要な水と日光の量

剪定時期

開花、収穫時期

葉の形と大きさ

葉や花の色

成長した時の高さと幅

耐寒温度

植物名　植えた日　参照頁

土のタイプ

必要な水と日光の量

剪定時期

開花、収穫時期

葉の形と大きさ

葉や花の色

成長した時の高さと幅

耐寒温度

植物名 植えた日 参照頁

土のタイプ

必要な水と日光の量

剪定時期

開花、収穫時期

葉の形と大きさ

葉や花の色

成長した時の高さと幅

耐寒温度

植物名　植えた日　参照頁

土のタイプ

必要な水と日光の量

剪定時期

開花、収穫時期

葉の形と大きさ

葉や花の色

成長した時の高さと幅

耐寒温度

植物名　植えた日　参照頁

土のタイプ

必要な水と日光の量

剪定時期

開花、収穫時期

葉の形と大きさ

葉や花の色

成長した時の高さと幅

耐寒温度

植物名　植えた日　参照頁

土のタイプ

必要な水と日光の量

剪定時期

開花、収穫時期

葉の形と大きさ

葉や花の色

成長した時の高さと幅

耐寒温度

植物名　　植えた日　　参照頁

土のタイプ

必要な水と日光の量

剪定時期

開花、収穫時期

葉の形と大きさ

葉や花の色

成長した時の高さと幅

耐寒温度

植物名　植えた日　参照頁

土のタイプ

必要な水と日光の量

剪定時期

開花、収穫時期

葉の形と大きさ

葉や花の色

成長した時の高さと幅

耐寒温度

植物名 植えた日 参照頁

土のタイプ

必要な水と日光の量

剪定時期

開花、収穫時期

葉の形と大きさ

葉や花の色

成長した時の高さと幅

耐寒温度

植物名　　　植えた日　　　参照頁

土のタイプ

必要な水と日光の量

剪定時期

開花、収穫時期

葉の形と大きさ

葉や花の色

成長した時の高さと幅

耐寒温度

植物名　　植えた日　　参照頁

土のタイプ

必要な水と日光の量

剪定時期

開花、収穫時期

葉の形と大きさ

葉や花の色

成長した時の高さと幅

耐寒温度

植物名　植えた日　参照頁

土のタイプ

必要な水と日光の量

剪定時期

開花、収穫時期

葉の形と大きさ

葉や花の色

成長した時の高さと幅

耐寒温度

植物名　植えた日　参照頁

土のタイプ

必要な水と日光の量

剪定時期

開花、収穫時期

葉の形と大きさ

葉や花の色

成長した時の高さと幅

耐寒温度

植物名　　植えた日　　参照頁

土のタイプ

必要な水と日光の量

剪定時期

開花、収穫時期

葉の形と大きさ

葉や花の色

成長した時の高さと幅

耐寒温度

植物名　植えた日　参照頁

土のタイプ

必要な水と日光の量

剪定時期

開花、収穫時期

葉の形と大きさ

葉や花の色

成長した時の高さと幅

耐寒温度

植物名　　植えた日　　参照頁

土のタイプ

必要な水と日光の量

剪定時期

開花、収穫時期

葉の形と大きさ

葉や花の色

成長した時の高さと幅

耐寒温度

Useful addresses.

◎グリーンスポットデン
ハーブ苗の専門店。約250種類のハーブを揃えている。
滋賀県高島市安曇川町下小川2530-4
Tel.0740-32-4465
www.greenspotden.com

◎道の駅あいとうマーガレットステーション
手頃な値段で環境に優しい粉石けんが買える滋賀県の「道の駅」。
クラフト用のドライハーブも約30種類ある。
滋賀県東近江市妹町184-1
Tel.0749-46-1110
www.aito-ms.or.jp

Name

Address

Tel HP

Memo

Name

Address

Tel HP

Memo

Name

Address

Tel HP

Memo

Name

Address

Tel HP

Memo

Name

Address

Tel HP

Memo

Name

Address

Tel HP

Memo

Name

Address

Tel HP

Memo

Name

Address

Tel HP

Memo

Name

Address

Tel HP

Memo

Name

Address

Tel HP

Memo

Name

Address

Tel HP

Memo

Name

Address

Tel HP

Memo

Name

Address

Tel HP

Memo

Name

Address

Tel HP

Memo

Name

Address

Tel HP

Memo

Name

Address

Tel HP

Memo

Name

Address

Tel HP

Memo

Name

Address

Tel HP

Memo

Name

Address

Tel HP

Memo

Name

Address

Tel HP

Memo

○ベニシアの既刊本

ベニシアのハーブ便り
京都・大原の古民家暮らし

著者が日々の暮らしで使っているオリジナル・ハーブレシピ110点を収録。ハーブの育て方から、収穫と保存法、エコ掃除術なども丁寧に紹介。四季折々の美しい写真とともに、大原の里での暮らしぶりやハーブの話を綴ったロングセラー。

B5判変型並製本／176頁　本体1,900円＋税

ベニシアの庭づくり
ハーブと暮らす12か月

1～12月までのベニシアのガーデニング日記とともに、各月ごとに使えるハーブ計70点の育て方と使い方を細かく紹介。庭づくりについての情報もぎっしり詰まったオールカラー240頁。

B5判変型並製本／240頁　本体2,000円＋税

ベニシアの言葉の宝箱
猫のしっぽ カエルの手（DVDブック）

人気の「ベニシアのエッセイ」26点を収録。英語の原文と和訳をブックで見ながら、ベニシアの心地よい英文の朗読をＤＶＤで楽しめる。

DVD 1 枚（97分）
B6判変型上製本／96頁　本体1,600円＋税

ベニシアの四季の詩（うた）
猫のしっぽ カエルの手（DVDブック）

「人生を美しく生きたい……」と願う、ベニシアの想いの詰まった珠玉のエッセイ集第２弾。「言葉の宝箱」に続く、25のベニシアのエッセイ。

DVD 1 枚（97分）
B6判変型上製本／96頁　本体1,600円＋税

ベニシアの心の旅
猫のしっぽ カエルの手（DVDブック）

イギリスから、京都・大原へ。そして、日本各地を旅しながら、次世代へ残したいメッセージを綴る。

DVD 1 枚（106分）
B6判変型上製本／96頁　本体1,600円＋税

ベニシアの京都 里山暮らし
大原に安住の地を求めて

辿り着いた安住の地、大原での暮らしの中で綴られたエッセイ集。植物の力や環境問題などについての著者の想いが詰まっている。ベニシアが大切にしている言葉や格言が、温かいイラストとともに収録されている。

A5判並製本／168頁　本体1,100円+税

ベニシアの京都 里山日記
大原で出逢った宝物たち

幼い頃から日記を書き続けてきた著者が、大原での味わい深い人々との出逢いや、古民家で暮らすようになってから発見した数々をしたためている。人生の本当の豊かさとは何かを、考えさせてくれるエッセイ集第２弾。

A5判並製本／168頁　本体1,100円+税

ベニシアの手づくり暮らし
猫のしっぽ カエルの手 春・夏編（DVDブック）

植物に寄り添うベニシアの春から夏にかけての暮らしを綴った詩的な映像。NHKで放送された番組を編集した146分+特典映像28分。

DVD２枚組み（特典映像付）エッセイ集（104頁）
A5判変型　本体3,800円＋税

ベニシアの手づくり暮らし
猫のしっぽ カエルの手 秋・冬編（DVDブック）

秋色に染まる大原での暮らし、古民家でのベニシア流のクリスマスを紹介するDVDブック第２弾。ブックは、日英対訳でベニシアのエッセイを収録。

DVD２枚組み（特典映像付）エッセイ集（104頁）
A5判変型　本体3,800円＋税

ベニシアの手づくり暮らし
猫のしっぽ カエルの手 英国里帰り編（DVDブック）

久しぶりに故郷英国に帰り、ケドルストン城を訪ねる。英国から大原へと続いていた奇跡の道を辿る。父との思い出を綴った書き下ろしのエッセイを収録。

DVD１枚（特典映像付）エッセイ集（104頁）
A5判変型　本体2,800円＋税

すべて世界文化社より出版

ベニシア・スタンリー・スミス
Venetia Stanley-Smith

ハーブ研究家。
1950年、イギリスの貴族の館で知られる
ケドルストンに生まれる。
19歳の時、貴族社会に疑問を持ち、
イギリスを離れインドを旅する。
71年に来日。
78年より京都で英会話学校を始め、
現在の「ベニシアインターナショナル」を設立。
96年に大原にある築100年の民家へ移住。
ハーブを取り入れた手づくりの暮らしや、
古民家でのライフスタイル、
自然と共生した生き方が注目を集めている。
著作をはじめ、テレビ、講演会などで
活躍している。

イラスト　ベニシア・スタンリー・スミス
監修　辻典子
翻訳　定國玲奈
ブックデザイン　縄田智子(L'espace)
写真　梶山正
協力　竹林正子(p.150〜p.160)
校正　金沢淑子
編集　飯田想美

Gardening Journal

ベニシアの庭づくりノート

発行日　2015年3月5日　初版第1刷発行

著　者　ベニシア・スタンリー・スミス
発行者　小穴康二
発　行　株式会社世界文化社
〒102-8187 東京都千代田区九段北4-2-29
編集部　電話 03-3262-5118
販売部　電話 03-3262-5115
印刷・製本　凸版印刷株式会社
DTP製作　株式会社明昌堂

ISBN 978-4-418-15400-5